품격 없는 문명과 탐욕의 소용돌이

제1차 세계대전

차례
Contents

품격 없는 문명과
탐욕으로 발발한 전쟁

제1차 세계대전은 각국의 개별적 이해관계가 동시다발적으로 터지면서 비화된 전쟁이다.

1914년 6월 28일 사라예보의 총성에서 시작된 제1차 세계대전은 이름에 걸맞지 않게도 그 시작은 발칸 지역에서의 게르만과 슬라브 민족의 갈등이 도화선이 되었다. 유럽의 열강은 사실상 전략적 구상이 없이 앞다투어 전쟁에 뛰어들었고, 이 전쟁은 세계대전으로 확전되었다.

콧노래를 부르며 참전한 장병들은 서부전선 등에서 4년 이상 고통과 절망을 맛보며 혹독한 대가를 치렀다.

유럽 열강의 시민들은 전쟁을 갈망하였다. 일상의 해방을 맞보는 것처럼 즐거워하였고, 심지어 참전하지 못할까 봐 걱정까지 하였다.

그러나 곧이어 양측은 아시아·아프리카·태평양 지역에서 식민지를 두고 각축을 벌였다. 특히 유럽의 서부전선에서 기묘한 교착상태를 이루면서, 당시 어느 나라의 전투 교리에도 없었던 참호전이라는 전쟁 양상을 만들어내면서 종전까지 처절한 살육전을 이어 나갔다.

제1차 세계대전은 국제질서의 변화를 초래했다. 어떻게 유럽 중심의 시대가 저물고 미국이 강대국으로 부상하였는지, 전쟁사적으로 제1차 세계대전이 왜 진정한 의미의 국가 총력전이었는지? 제1차 세계대전 후 평화를 갈망하며 국제연맹이 등장하였으나 베르사유 조약의 굴레는 어떻게 독일을 다시 전쟁으로 내모는 역설적인 결과를 가져왔는지? 그리고 왜 세계는 다시금 새로운 탐욕과 이념의 소용돌이인 제2차 세계대전으로 치닫게 되었는지?

이 책은 제1차 세계대전이 보여주는 흥미롭고 수많은 문제와 이를 해결하고자 인류가 자초한 아픔을 이해하는데 훌륭한 참고서가 될 것이다. 그리고 뒤이은 제2차 세계대전과 극명하게 다른 세계대전이 되었는지를 설명하는 데 도움을 줄 것이다.

윤형호

제1장

제1차 세계대전
이전의 정세

명분과 이권의 전쟁

정글의 배부른 맹수는 다시는 사냥에 욕심을 부리지 않으나, 만물의 영장이라는 인류는 과거보다 더 풍족해져도 탐욕의 늪에서 빠져나오지 못하는 것 같다. 이른바 산업혁명과 자본주의 발전으로 역사상 유례가 없는 문명과 풍요를 일궈가던 유럽에서는 20세기에 접어들면서 전쟁의 소용돌이를 일으키고 있었다.

제1차 세계대전은 제국주의나 신제국주의 등장부터 비롯됐다. 먼저 제국주의란 유럽 강대국의 이익 쟁탈전을 의미한다. 제국주의 역사는 유럽 각 나라가 아메리카·아프리카·아시아에 관해 크고 작은 식민지를 만들고 자원과 노동력을 약탈하던 때부터 시작으로 간주된다. 좁은 의미에서는 산업혁명 이후 유럽의 여러 나라가 앞 다투어 식민지 쟁탈전에 뛰어든 18세기 무렵부터라고 하겠다.

이로 인해 제국주의가 전성기를 이루던 제1차 세계대전 직전 지구촌은 일부 국가를 제외하고 이른바 열강이라고 불리는 제국주의 국가와 이들로부터 지배와 착취를 받는 식민지로 양분됐다고 할 것이다.

같은 맥락에서 제1차 세계대전에 더욱더 직접적인 영향을 미친 신제국주의는 경제적 제국주의라고도 불린다.[1] 제국주의와는 달리 침략을 통해 약소국의 영토를 지배하지는 않으면서도 정치·사회·문화의 하부구조를 이루는 경제를 수탈하는 형태를 보인다.

이는 제1차 세계대전 이전 19세기나 20세기 초반의 유럽·미국 그리고 일본의 식민지 자본주의 확장 과정에서 적나라하게 드러났다.

이처럼 제국주의나 신제국주의가 기승을 떨치던 상황에서 유럽은 두 개 동맹으로 나뉘어 있었다. 혹자는 이들을 길거리 깡패 패거리와 다름이 없다고 표현했다.[2] 제1차 세계대전에서 동맹국 패거리는 독일이 주도하면서 오스트리아-헝가리제국과 손을 잡았다. 이들과 함께 삼국동맹에 가입하였던 이탈리아는 고민하다가 나중에 연합국에 가담했다. 그리고 반대편의 연합국 패거리는 프랑스·영국·러시아의 삼국협상 국가가 중심을 이루고 있었다. 나중에 일본과 미국이 연합국에 가입했고, 오스만제국과 불가리아는 동맹국에 가담했다.

제1차 세계대전은 이러한 두 패거리의 대립적인 상황에서 촉발됐다. 직접적인 도화선은 사라예보의 오스트리아 황태자가 세르비아 자객에게 암살되면서부터였으나, 그 이면에 팽배했던 각 나라의 탐욕이 사라예보 사건으로 폭발한 셈이었다. 즉 삼국동맹과 삼국협상이라는 두 패거리는 세계를 무대로 치열하게 이익 쟁탈전을 벌이는 경쟁 관계였다.

영국은 독일이 상업적이나 산업적으로 영국에 도전하고 있다는 사실을 깊게 의식했다. 독일은 해군을 강화해 영국을 이겨보겠다며 맞불을 놓았다. 1911년 총선에서 영국의 보수당은 반독일 감정을 이용해 집권하기까지 했다. 프랑스는 보불전쟁에서 패배해 자존심을 구긴 상태에서, 독일이 알자스로렌 지방을 점유하고 있다는 사실을 받아들이지 않았다.

러시아는 부동항을 얻고 발칸반도에서 생긴 영향력과 세력을 굳혀 나가겠다는 야욕을 품었다. 오스트리아 헝가리제국은 발칸반도로 진출하고 나아가서는 오스만제국까지도 넘보았다. 발칸반도에서는 독일과 오스트리아의 게르만 세력과 러시아의 슬라브 세력이 각축을 벌였다.

발칸반도 동쪽에 있으며 중동으로 연결되는 지점의 오스만제국은 중간자적인 상황에 있었다. 그러나 독일은 오스만제국이 영국이나 러시아와 보이지 않는 갈등을 벌이고 있다는 점을 이용해 오스만과 제휴하려고 했다.

제1차 세계대전의 배경을 깊숙이 이해하기 위해서는 그 이전의 유럽 정세, 특히 독일의 통일과 강대국으로의 성장 과정을 더듬어 볼 필요가 있다. 독일의 성장에 대한 이해가 없이는 제1차 세계대전의 발발과 이후의 진행 과정을 이해할 수 없을 것이다. 통일된 독일은 과거 신성 로마제국의 영광을 제1제국으로 기리면서 팽창 일로에 있었다.[3] 그 이전 신성 로마제국 시대의 독일 지역은 소국들로 나뉘어 있었고, 이른바 30년 전쟁의 주 무대로서 황폐해졌다. 그러나 소국들은 이후 관세동맹으로 경제적 통합을 이루고, 프로이센의 주도로 통일이 되면서 국력은 크게 신장되기에 이른다. 그리고 철혈재상 비스마르크 시대를 통해서 이른바 독일 제2제국을 건설했다. 독일 제2제국은 프랑스를 격파하고 베르사유 궁전에서 제국을 선포하면서 카이저의 황제 즉위식까지 거행하기에 이른다.

그러나 이른바 비스마르크 체제의 성립이 독일제국의 안정적 발전을 상징했다면 반대로 비스마르크 체제의 붕괴는 독일 주변 정세가 급격하게 불안정한 상황 속으로 접어드는 것을 의미했다. 1888년 즉위한 혈기 왕성한 빌헬름 2세는 2년 후 외교적으로 신중했던 비스마르크를 사임시키면서 독일의 팽창 야욕은 브레이크를 잃어버린 셈이 됐다.

빌헬름 2세는 세계정책으로 적극적인 해외시장 개척과 식민지 확장 정책을 추진하면서 영국과 해군력 경쟁에 뛰어드는 등 독선적인 제국주의 국가의 변모로 방향을 설정했다.

비스마르크 체제에서 독일은 오스트리아와 이탈리아 등과 삼국동맹을 맺고, 러시아와도 재보장 조약을 성사시키며 안정된 질서를 유지하고자 했다. 당시 오스트리아가 러시아와 발칸에서 갈등을 일으키고 있는 상황에서 러시아와 재보장 조약을 맺은 비스마르크는 오스트리아에는 이를 비밀로 했다.

동시에 영국과도 좋은 관계를 유지해 프랑스를 확실히 고립시킬 수 있어서 유럽 내에서 안정된 상황을 지속시킬 수 있었다. 그러나 비스마르크의 후임자인 카프리비 총리는 오스트리아와의 동맹과 모순이 되는 러시아와 재보장조약의 갱신을 거부했다. 이후 러시아는 프랑스와 가까워졌다. 독일은 전제 국가인 러시아가 공화국인 프랑스와 1894년 동맹을 맺을 것이라고는 예상을 못 했다. 이에 영국도 러시아와 프랑스에 접근했고 1907년 삼국협상이 완성되기에 이른다. 이 과정에서 이탈리아는 프랑스와 비밀 중립조약을 맺고, 일본도 영국·프랑스·러시아와 협상을 맺음으로써 독일은 오스트리아 외에는 확실한 동맹국이 없는 상황이 됐다. 비스마르크 체제의 붕괴로 빌헬름 2세의 팽창 야욕은 자연스럽게 프랑스나 영국과 힘의 충돌로 이어졌고, 두 패거리는 결국 세계대전의 무대로 들어서게 됐다.

제2장

1914년
소용돌이의 서막

사라예보의 총성,
게르만과 슬라브의 대결

    제1차 세계대전은 어느 나라가 주도적으로 기획하지 않고도 세계대전으로 발전한 아이러니한 전쟁이다. 당연히 전쟁의 발발 과정에서 아무도 이 전쟁의 발발을 막으려는 노력이 없었다. 이 전쟁은 그야말로 사라예보의 총성이 울려 퍼진 후 기다렸다는 듯이 기계적으로 진행됐다.

    1914년 6월 28일 발칸반도의 오스트리아령 보스니아의 사라예보에서 오스트리아 헝가리제국의 황위 계승자인 페르디난트(Erzherzog Franz Ferdinand) 대공 부처는 보스니아 민족주의 조직에 속한 18세의 대학생에게 암살됐다. 암살자 가브릴로 프린치프는 세르비아계 보스니아인으로 보스니아가 오스트리아제국으로부터 독립해 독립국인 세르비아와 합칠 것을 주장하는 조직의 구성원이었다. 페르디난트 황태자는 슬라브계 민족을 아우르는 제3의 왕국을 수립하려고 구상하고 있었고, 단일 민족국가를 열망하는 세르비아인들은 이를 달가워하지 않았다.

오스트리아는 사실상 세르비아 국적도 갖고 있지 않았던 암살자가 세르비아인이라는 이유로 세르비아를 비난했다. 황태자 암살에 대한 세르비아의 사과에도 불구하고, 발칸 지역에서 러시아제국의 지원을 받으며 일어나고 있던 슬라브주의 운동을 은근히 경계해왔던 오스트리아–헝가리제국은 전쟁을 위해 독일에 협조를 요청했다.

결국 오스트리아와 독일의 게르만 민족과 러시아와 세르비아의 슬라브 민족 간의 대결이 수면 위로 모습을 나타낸 셈이다. 발칸이라는 화약고의 뇌관이 터진 것이다.

사라예보 사건으로 제1차 세계대전이 촉발된 것은 언젠가 터질 전쟁의 계기였다는 주장이 다수에 속하나, 혹자들은 불필요하고 세계대전까지 유발할 이유는 없었다는 주장을 펼치는 이도 있다. 후자의 주장과 관련해서 오스트리아의 요청에 대한 독일의 약속은 후세에 외교사 최대의 실수로 평가받기도 한다. 현대적인 동맹 이론의 관점에서 볼 때 이를 연루(entrapment)의 딜레마로 설명할 수 있다. 연루의 딜레마란 독일이 동맹을 통해서 이익을 얻지만 오스트리아와 관련한 원치 않는 분쟁에 연루되면서 국가안보 이익에서 불가피하게 제약을 받을 수 있음을 의미한다.[4] 독일은 동맹관계를 통해 빌헬름 2세는 오스트리아와의 동맹에 따라 무조건 지원한다는 약속을 했다. 독일-오스트리아 동맹은 독일이 주도하는 구조였으나, 오스트리아가 보스니아를 합병하는 과정부터는 오스트리아가 주도하는 형국이 됐다. 비스마르크는 이러한 상황을 예견해 전쟁을 불러일으킬 것이라고 경고했다.

독일의 약속을 받은 오스트리아는 7월 23일 세르비아에 48시간 시한의 최후통첩을 보낸다. 이 최후통첩은 세르비아의 주권과 자존심을 짓밟는 내용으로 가득 차 있었다. 파국을 원치 않던 세르비아는 반오스트리아 단체를 해산하고 처벌하는 것까지는 수용했으나, 오스트리아 관리가 세르비아로 들어와 조사하는 것까지 허용하라는 요구는 받아들이지 못하면서 최후통첩을 거부한다.

오스트리아는 내심 기다렸다는 듯이 1914년 7월 28일 세르비아에 전쟁을 선포했고, 이에 러시아도 총동원령으로 맞대응했다. 독일의 빌헬름 2세는 러시아와 프랑스에 동시에 최후통첩했다. 이후 각국은 서로에게 선전포고하면서 세계대전으로 비화했다.

이처럼 당시 제1차 세계대전의 확전 과정에서 누구도 세계대전을 의식하지 않았고, 따라서 각 국가는 전쟁 선포를 앞다투어 하면서 이를 막으려는 어떠한 노력도 하지 않았다. 각국은 나름의 외교적인 계산을 했는지 모르나, 힘을 과시하며 허세를 부리면 자신들의 목적을 달성할 것으로 생각한 것 같다. 이러한 허세는 상대편의 격렬한 혹은 자동반사적인 반발을 불러왔다.

사라예보의 총성에 마치 기다려왔다는 듯이 자랑스럽게 전쟁터로 나왔다. 일련의 외교적 광기는 군사적 확전을 불러왔다. 이에 대해서 테일러(A. J. P. Taylor)는 안전을 도모하기 위해 축적됐던 거대한 군사력이 "제힘에 못 이겨 국가를 전쟁으로 몰고 갔다"고 썼다.[5]

총동원령

각국의 동원령 선포로 제1차 세계대전은 돌이킬 수 없는 길로 접어들었다. 동원령은 프랑스 대혁명 당시 공표된 이후 19세기 중반 크림전쟁에서 러시아가 사용했었다.

동원령의 선포란 국가의 모든 체제를 전쟁을 위한 병력과 보급 물자 지원 등을 위해 총력을 기울이는 것으로 국가 총력전이 됨을 의미한다. 동원령이 선포되면 전쟁을 준비하는 군인이나 관련된 사람들은 자동적인 절차에 따르게 된다. 각 나라는 그들이 가고자 하는 곳이 얼마나 고통스러운 결과를 줄 것인지에 대한 고민 없이 그저 이전의 한두 차례 작은 전쟁같이 스쳐 지나갈 것으로 생각했다.

이전 세기에 유럽을 휩쓸고 간 나폴레옹전쟁을 겪은 지 100년이 지나 전쟁의 고통을 잊어버렸기 때문이다.

당시 영국을 제외한 유럽의 열강은 징병제를 시행하고 있었다. 오스트리아의 선전포고 이후 러시아·독일도 선전포고와 함께 동원령을 내렸다. 이에 따라 유럽 열강은 앞다투어 세계대전에 합류했다.

독일의 베를린이나 오스트리아의 빈(Wien) 시민은 국회 앞에 모여 환호했다. 심지어 극단적인 좌우 대립의 상황도 극복하고 전선으로 나가는 것을 영광으로 생각했다. 프랑스에서도 참전 군인에게 마치 소풍 가는 아이들을 배웅하는 모습이었다. 선전포고로 각국의 지원병은 마치 일상에서 해방을 경험하는 것 같은 모습을 보여 이후 참혹한 전쟁의 모습과 대비를 이뤄 씁쓸할 따름이다.

독일의 지원병은 총구에 꽃을 달고 행진했고, 공짜 기차로 전선으로 모여들었다. 징병제를 시행하지 않던 영국도 동원령을 내리고 수백만 명이나 되는 사람들이 입대하겠다고 몰려들었다.

영국은 당시 영국령이던 호주·캐나다·뉴질랜드에서도 징집했다. 징집 체제가 갖춰져 있지 않아 혼란이 있었으나 사실상 창군 수준의 전시 편성이 이뤄졌다. 당시 영국의 국민은 마치 전쟁이 크리스마스 이전에 끝나면 참전할 기회가 없을까 봐 걱정이 태산 같았다고 한다. 실제로 전쟁은 크리스마스 이전에 끝났다. 다만 1914년이 아니고 1918년 크리스마스 이전이었음이 유감스러울 따름이다.[6] 영국에서는 징집병이 없이 지원병만 가지고도 병력을 충원시킬 수 있었다.

영국에서 사실상 강제 징집은 1916년 1월부터 건강한 독신 남성은 군대에 입대해야만 했다. 당시 유럽 사람들은 제1차 세계대전은 짧은 시간에 끝날 것으로 생각했다. 두 패거리 중 한쪽이 신속하게 전쟁을 끝낼 수 있다고 생각했다. 동원령이 선포되면서 병력·말·포탄 등 엄청난 규모의 군부대 충원과 군수품의 생산이 뒤따르게 됐다.

독일의 전쟁 계획

    제1차 세계대전에 참전한 국가는 대부분 외교적 허세를 부리다가 전쟁에 말려들었다. 따라서 대부분 국가가 전쟁을 어떻게 할 것인지에 대한 계획이 없었다. 당시 프랑스의 총사령관 조프르 장군은 문서로 만들어진 어떤 작전 계획도 없이 그저 휘하의 모든 병력을 이끌고 공격하겠다는 단호한 결심밖에 없었다고 회고했다. 그러나 예외적으로 독일은 제1차 세계대전의 상황에 대비한 전쟁 계획을 수립해 놓았다.

    독일은 강대국으로 성장하는 과정에서 1870년과 이듬해에 걸친 프랑스와 전쟁에서 승리했다. 당시 참모총장이었던 대(大)몰트케 장군의 뒤를 이은 슐리펜(Alfred Graf von

Schlieffen) 장군은 자신의 세대 혹은 이후 프랑스와 독일의 전쟁에서 승리할 전략을 수립하고자 했다.

슐리펜 계획은 독일군이 러시아와 프랑스와 동시에 양면에서 전쟁을 벌이는 상황에서 초래될 위험을 최소화하고자 했다. 이를 위해 독일군의 전력을 서쪽으로 집중해 프랑스군을 6주 이내에 섬멸시키고 이후 병력을 동부전선으로 전환해 러시아를 격파한다는 계획이었다. 따라서 독일군은 프랑스와의 국경선 지역의 남쪽은 일부 병력으로 프랑스군을 공격하는 것처럼 기만하고 북쪽에 주력을 집중해 중립국 벨기에를 침범해 프랑스의 북부로 진격해 파리를 포함해 프랑스를 포위하는 것이었다. 이 계획은 러시아가 러·일 전쟁으로 패배해 약화한 것을 전제로 작성된 것이었다.

그러나 슐리펜의 후임자인 몰트케(소 몰트케) 장군은 긴 보급전 능력의 제한 등을 이유로 우익의 주력을 줄여 다른 곳을 보강하고 프랑스군을 알자스 로렌 지역으로 끌어내는 계획을 취소하고 수정했다. 더구나 동부전선에서 러시아군이 뜻밖에 빨리 동프로이센을 침공하자 서부전선에서 2개 군단을 동부전선으로 이송시켰다.

슐리펜은 1913년 사망하면서도 "전쟁이 불가피하다면 반드시 우익을 강화하라!"고 유언을 남겼다. 결국 이 계획은 원안대로 진행되지 않아 후세까지도 역사가나 군사전략가들 사이에서 실효성에 대한 논란이 되고 있다.

　개전 초기 동부와 서부전선의 상황은 대략 다음과 같이 전개됐다. 다음 항에서 각각 설명할 것이다. 먼저 서부전선에서 독일은 벨기에를 침공해 항복을 받은 후 프랑스와 국경 전투에서 프랑스군에 승리를 거두었다. 그러나 프랑스군은 영국 원정군의 지원을 받아 9월 10일쯤 마른강 전투에서 독일군을 무찌르면서 전선을 고착시키는 데 성공한다. 이후부터 독일군은 최초 슐리펜 계획에서 기도했던 기동전의 목적을 달성할 수 없었다. 그러나 동부전선에서는 마른강 전투 이전인 8월 28일 동프로이센을 침공한 러시아군에 대해 타넨베르크 전투에서 섬멸전적인 승리를 획득하면서 초반 판세가 형성됐다.

동부전선의 독일군 승리,
타넨베르크 섬멸전

독일군이 서부전선에서 고전하는 사이 동부전선에서는 러시아가 신속하게 진격해 오기 시작했다. 프랑스의 호소 때문에 러시아는 8월 니콜라스 대공의 지휘 아래 2개 군을 이끌고 서둘러 동프로이센 쪽으로 진격했다.

러시아군은 동프로이센의 수도 쾨니히스베르크 남방을 양쪽에서 협공할 계획이었다. 이러한 계획에 따라 렌넨캄프 장군이 이끄는 1군은 마주리안(Masurian) 호수를 사이에 두고 북쪽으로, 알렉산드르 삼소노프 장군의 2군은 마주리안 호수 남쪽으로 진군했다. 그러나 두 군의 지휘관은 진격하면서 상호 간의 협조 없이 따로 행동했다.

동프로이센의 8군 사령관 프리트비츠 장군은 러시아 1군의 진격을 막을 방안에 자신감을 잃어버리고 적절히 대응하지 못하고 해임된다. 최초 프리트비츠는 러시아 1군을 깊숙이 유인해 타격하려고 했으나, 예하 1군단장 헤르만 프랑수아(Herman von Francois) 장군이 굼빈넨(Gumbinnen, 현 구세프) 전투에서 러시아군을 타격해 전술적 승리를 거둠으로써 자신의 작전 기도를 달성할 수 없어 비스툴라(Vistula)강으로 후퇴하겠다고 몰트케 참모총장에게 건의한다. 이에 몰트케는 프리트비츠를 해임하고 예비역에서 현역으로 복귀한 힌덴부르크(Paul von Hindenburg) 장군을 8군 사령관으로 임명했다.

힌덴부르크 장군은 8월 22일 8군 사령관으로 임명을 받았고, 8월 23일 8군 사령부에 도착했다. 그리고 그의 참모장으로 벨기에 요새 전투에서 공을 세운 루덴도르프(Erich Ludendorff) 장군을 임명했다. 프리트비츠 장군의 휘하에 있던 작전참모 호프만 중령은 이미 독일군의 주력을 이용해 빠르게 서진하고 있는 남쪽의 삼소노프군을 집중적으로 공격해 섬멸시킨다는 작전 계획이 있었고 이를 두 사람에게 보고했다. 루덴도르프 참모장은 러시아 1·2군이 수십 킬로미터 떨어져 원활한 지원이 불가능하고 그 간격을 줄이려고 노력하지 않음을 주목하고 있었다. 그리고 호프만 중령이 자기 생각과 같은 작전 계획을 수립해 놓고 이와 관련한 조치를 진행하고 있음을 알아차렸다.

북쪽의 렌넨캄프군은 강공을 펼칠 생각이 없이 서서히 전진하고 있지만 삼소노프군은 공세적으로 기동하고 있었다. 독일군이 작전 계획을 수립하고 준비하는 사이 렌넨캄프군은 마치 독일군에 협조하려는 것처럼 3일 동안 움직이지 않았다. 나중에 루덴도르프 장군은 만약 그때 렌넨캄프군이 공격했더라면 독일군이 졌을 것이라고 회고했다.

러시아군은 가운데 마주리안 호수를 끼고 있어 삼소노프군을 즉각 지원해 줄 수 없었다. 또한 삼소노프군은 암호를 쓰지 않고 무선을 하고 있어서 독일군은 삼소노프군의 기동 상황을 파악할 수 있었다. 삼소노프군은 빠른 속도로 진군하면서 그의 우익을 드러냈다. 렌넨캄프와 대치하던 독일군은 불과 2개 기병 연대만 남기고 3개 군단 규모의 병력을 철도나 도로를 이용해 남쪽으로 이동시켰다.

독일군은 러시아 1군 전방에 1개 기병 사단만을 배치해 러시아군을 견제하고 막으면서, 17군단과 예비군단을 서남쪽으로 이동시켜 러시아 2군의 북쪽으로 투입했다. 굼빈넨 전투에 투입됐던 1군단마저 철도를 이용해 원거리 기동을 시켜 러시아 2군의 남쪽을 포위토록 했다.

루덴도르프는 북쪽으로부터 지원군이 도착하자 삼소노프군의 중앙을 저지하고 좌우익을 격퇴하는 작전 계획을 결행

한다. 북쪽의 렌넨캄프는 엄청난 전력이 있으면서 절대 움직이지 않았다. 8월 28일 러시아군의 좌우익을 패퇴시키면서 러시아군의 중앙을 포위할 수 있었다.

타넨베르크는 독일군의 중앙이 장악한 지형의 이름이었다. 러시아군은 거의 10만 명이 포로가 되면서 섬멸전적인 패배를 당했다. 삼소노프는 황량한 전장에서 권총으로 자살했다.

그러나 동부전선의 남쪽에서는 러시아가 비교적 선전하고 있었다. 오스트리아는 독일군보다 우수하지 못했기에 러시아군의 반격에 고전했다. 오스트리아는 현재의 폴란드 남부 갈리치아 지역을 러시아군에게 빼앗겼다. 그리고 오스만 제국의 동쪽 코카서스산맥에서는 터키군을 격퇴시키고 있었다.

서부전선의 프랑스군 승리,
마른강의 기적

개전 초기 서부전선에서 독일군은 슐리펜 계획에 따라 벨기에를 돌파하면서 프랑스 국내로 돌진하자 프랑스군은 후퇴하는 상황이 벌어졌다. 독일군은 파리 근교 50킬로미터 전방인 동쪽 마른강에 이르렀으나 강행군에 따른 보급지원이 원활하지 못해 지쳐 있는 상태였다. 그런 상황에서 퇴각하던 프랑스군은 영국군과 함께 공세로 전환했다.

독일군은 갑작스러운 프랑스군의 공세에 당황했다. 독일군은 서부전선에 더 많은 병력을 쏟아부어야 할 상황임에도 러시아군의 프로이센 침공에 대비하기 위해 2개 군단을 동부로 전환 중이었다. 2개 군단은 결과적으로 서부전선에서도 이탈했고, 동부전선의 타넨베르크 전투에도 이바지하지 못했다. 슐리펜 계획은 원래 계획의 목적을 상실하면서 그야말로 유명무실해졌다.

독일군이 마른 전투에서 패퇴하게 된 이유는 마른강을 건너 공격하던 1군과 2군 사이에 40킬로미터의 공간이 발생하자 독일군 본부에서 이 공간에 연합군이 진입하게 되면 위험하게 될 것으로 판단하고 퇴각을 했기 때문이다.

독일군의 오판으로 스스로 퇴각을 하면서 연합군은 마른강에서 기적을 달성하는 쾌거를 이뤘다. 더욱더 근본적인 원인은 서부전선에 투입된 독일군 병력이 충분하지 못했기 때문이다.

이 전투를 통해 프랑스군은 더는 독일군이 프랑스 국내로 진격하지 못하는 전술적 성과를 거두었다. 그리고 이후 제1차 세계대전이 끝날 때까지 독일군은 프랑스 내에 머물며 길고도 지루한 참호전을 치르면서, 프랑스와 러시아의 양면 전쟁 상황이 됐다. 독일은 프랑스 전선에서 소기의 성과를 달성하지 못하며 전쟁의 결과에 불안감을 느끼게 됐다. 마른강 전투에서 연합군 승리는 결과적으로 제1차 세계대전의 향배를 결정짓는 전투가 되는 전략적 가치를 지닌 것이었다.

불신, 증오 그리고 거짓말

클라우제비츠는 전쟁을 증오나 폭력, 이성과 합리성, 그리고 우연성과 불확실성 등이 빚어내는 삼위 일체적인 다양한 카멜레온적 속성과 양상으로 설명했다. 여기서 증오나 폭력은 전쟁을 일으키고 무한대의 살육으로 만든다. 동서고금 이래로 적에 대한 증오가 전쟁의 본질을 형성하는 하나의 축이 됨은 자연스러운 현상일 것이다. 제1차 세계대전으로 가면서 독일과 영국에서는 서로를 미워하려고 발버둥 치면서 터무니없는 거짓말을 만들었다.

독일은 증오의 노래라는 국가를 만들었다. 길거리에서 친구를 만나면 "안녕하세요"라는 인사 대신에 "부디 신께서 영국을 벌하시길" 하고 인사했다. 독일인은 이 문구를 편지, 엽서, 심지어 배지와 브로지에 새겼다. 영국에서는 영국에 사는 독일 식료품 상인들이 식료품에 독을 넣고, 독일 이발사는 손님의 목을 잘라 그 시체를 몰래 버린다고 믿었다.

영국인은 독일 군인이 괴물이라고 믿었고, 벨기에에서는 독일군이 영국 간호사를 칼로 난도질해 불이 활활 타오르는 병원에 버린다고 했다. 독일인 역시 영국 군인들은 생포한 독일 병사의 눈을 파낸다고 믿었다. 또한 독일인은 외국인은 전부 스파이라고 생각했다.

영국인은 심지어 동맹국조차 믿지 않아서, 프랑스 서부전선의 참호전에서 영국이 참호를 쓰는 대가로 프랑스가 임대료를 뜯어 간다고 했다. 독일인은 다른 국가가 전쟁을 먼저 일으켰다고 책임을 떠넘겼다. 심지어는 영국인은 독일인이 시체에서 기름을 짜서 폭약을 만든다고도 했다. 시체를 녹여서 기름을 만든다는 얘기는 독일 신문기자가 서부전선에서 쓴 기사가 잘못 전달된 것이었다. "……우리는 독일 총군의 카다베르(cadaver) 활용 사업부를 지나는 중이다. 독일군은 여기서 녹인 기름으로 윤활유를 만들고, ……여기서는 아무것도 버리지 않는다"는 기사가 와전된 것이었다.

영국인은 시체를 '커대버(cadaver)'라고 불렀기에, 독일군이 사람 사체를 녹여서 기름을 만든다고 생각했다. 독일어에

서 '카다베르'는 동물의 사체를 말한다. 즉 독일에서 기름을 만들기 위해 녹인 것은 말의 사체였다.[7]

이처럼 탐욕으로 시작된 전쟁은 서로에 대한 불신과 증오를 만들어내었고, 양쪽 사람들은 자신들의 행위를 거짓말로 합리화했다.

인간은 찬란한 문명을 일으키면서도 전쟁에서는 이성보다는 증오란 감정에 휘둘리는 불완전한 존재인가 보다.

제3장

1915년
세계대전으로 확대

열강의 전략

　제1차 세계대전은 누군가의 기획이 없이 벌어진 아이러니한 전쟁이라고 이미 언급했다. 개전 당시 애국심에 불타던 국민들은 수개월 내에 전쟁이 끝날 것이라는 희망이 확전과 장기전으로 바뀌면서 서서히 절망으로 변했다.

　전쟁에 내몰린 유럽인은 이미 전쟁의 참상과 악몽이라는 대가를 치르고 있었다. 독일은 프랑스와 러시아의 양면 전쟁을 염두에 두고 슐리펜 계획과 같은 큰 그림을 그리고 있었으나, 그나마도 세계대전을 상정한 것은 아니었다. 슐리펜 계획도 1년이 지나면서 아무런 소용이 없었다. 유럽의 열강은 사실상 커다란 전략적 구상이 없이 세계대전에 뛰어들었기 때문이다. 그러나 시간이 지나면서 연합국이나 동맹국 측은 떠밀린 전쟁에 참전하면서 나름의 전략을 갖추었다.

독일은 1914년 대전 첫해에 유럽 전선에서 유리한 상황을 획득해야 하지만 슐리펜 계획에서 우려하던 양면 전선의 상황에 빠졌다. 프랑스의 북부 공업 지역을 점령했고, 동부전선에서 심대한 타격을 주는 성과도 있었다.

더구나 독일은 전쟁을 주도하는 처지가 됐고 동맹국인 오스트리아나 오스만에 대해 지원도 해야 하는 상황이었다.

개전 초기 독일은 마른강 전투의 패전 직후 몰트케 장군을 해임하고 팔켄하인(Erich von Falkenhayn) 장군을 참모총장에 임명했다.

팔켄하인 장군의 전략은 서부전선에서 견제하면서 동부전선에 집중한 후 동부전선의 승리를 획득하고 이후 서부전선에 집중하는 것이었다.

과거 나폴레옹 장군이 주로 사용했던 내선 작전을 시도해 양면에서 독일을 포위, 협공하려는 적에 대해서 중앙에 위치해 상대하려는 것이었다. 이를 위해서는 중앙에서 철도 이동, 통신 체계, 그리고 지속적인 작전 지원 능력이 요구됐다. 당시 독일로서는 선택할 수 있는 유일한 대안이었을 것이다. 더불어 독일은 바다에서 영국의 제해권에 대항하기 위해 잠수함전을 모색했다.

연합국도 개전 초기 전체적인 전략적 공조 없이 세계대전에 임했다. 그래서 프랑스 북부의 서부전선, 러시아의 동부전선, 발칸전선 등에서 각자 동맹국을 무찌르는 것만이 최선이었다.

독일의 침공으로 북부 공업 지역을 점령당한 프랑스는 서부전선에서 독일을 물리치는데 모든 역량을 집중했다. 이를 위해 영국 등 연합국의 지상 병력 지원이 간절했다. 이러한 측면에서 러시아도 입장은 같았다. 서부전선에 가용 자원을 집중하면 독일의 전력이 서부전선에 집중되기에 상대적으로 동부전선에서의 독일군 압력을 줄일 수 있기 때문이다.

영국은 해상력의 우세로 독일을 봉쇄하고 유럽 등의 지상전에서 독일을 격퇴하고자 했다. 사실상 대부분 지상 전력은 서부전선에 집중됐다. 그러나 영국은 독일군보다 지상 전력이 부족했기에 지상전에서 군사전략의 방향을 어디로 집중할 것인지에 대한 논란이 있었다.

영국 내에서는 개전 초기 총리였던 애스퀴스(Herbert Henry Asquith)와 1915년 참모총장이 된 윌리엄 로버트슨 경은 서부전선에서 프랑스와 힘을 합해 독일을 격퇴하는 데 동의했다. 그러나 1915년 수상이 된 조지(David Lloyd George)와 해군 장관 처칠(Winston Churchill) 등은 방대한 독일 지상군에 대항하는 것보다 독일 주변의 동맹국을 쓰러뜨리는 것이 전쟁의 승리에 이바지하는 방안이라고 주장했다. 이를 '버팀목 쓰러뜨리기'라고 했다. 전자를 서부인들(Westerns)이라 했고, 후자를 동부인들(Easterns)이라고 불렀다.[8]

따라서 처칠과 같은 동부인들은 유럽의 동남부인 터키 방향에 전력을 집중시켜 터키를 확보하고자 했다. 이렇게만 된다면 러시아에 대한 터키의 부담을 줄이고 독일과 오스트리아는 서부전선과 동부전선·오스트리아 전선의 세 방향으로 분산될 것으로 생각했다. 양측의 경쟁이 동남부 유럽에서 진행되면서 연합국은 이탈리아와 루마니아를, 동맹국에서는 불가리아를 자신의 편으로 만들었다. 이러한 맥락에서 연합국 측은 1915년 다르다넬스 해협의 갈리폴리에서 대규모 상륙작전을 벌인다.

같은 맥락에서 영국은 중동에서도 전쟁을 벌인다. 이집트를 확보함으로써 오스만의 배후를 위협하고자 했다. 따라서 중동의 아라비아 반도, 팔레스타인, 시리아 등으로 전장이 확대됐다. 제1차 세계대전의 이념적 배경이 되는 제국주의적 속성을 가감 없이 보여주는 상황이 전개됐다.

유럽 이외의 지역에서도 세계대전은 확장됐다. 마찬가지로 아시아, 태평양, 그리고 아프리카 지역에서 영국, 독일, 프랑스는 자신의 식민지를 유지하려고 했다. 아시아에서는 독일이 중국의 산둥 반도를 차지하고 있었는데 일본군이 진주하면서 중국에 대한 영향력을 확대하고자 했다. 일본의 제국주의가 본색을 드러낸 것이다. 아프리카에서는 프랑스와 영국군이 독일령 카메룬 지역을 침공하고, 남서부 지역의 독일군은 남아프리카 공화국을 공격했다.

동아프리카 지역에서는 독일군이 종전까지 유격전을 벌이기도 했다. 그러나 인도에서는 대전 기간 영국을 헌신적으로 지원했다. 인도는 유럽 전선과 중동 전선으로 80~90만의 지원군을 보냈고, 이를 통해 인도는 영국이 인도 자치 운동을 지원해 줄 것이라고 기대했다.

결과적으로 광범위한 지역에서 독일이나 영국, 프랑스 등 각국은 전력을 분산 운용할 수밖에 없었다. 종반전에 미국이 참전함으로써 진정한 세계대전이 됐으나, 제1차 세계대전의 중심은 유럽이 주 무대가 될 수밖에 없었다.

서부전선의 참호전 개시,
그리고 새로운 무기 체계들

　서부전선의 마른 전투에서 독일군 후퇴 이후 전투 양상은 참호전으로 전환됐다. 제1차 세계대전 이전 어느 나라의 전투 교리에도 없었던 참호전이란 형태는, 특히 서부전선에서 나타나 종전까지 지속한 전투 양상이 됐다.

　참호란 전쟁터에서 적의 공격에 대비해 구축한 좁고 기다랗게 구덩이를 파고 그 파낸 흙으로 앞을 가린 방어 시설을 말한다. 참호전이란 전쟁을 하는 쌍방이 참호에 의지하는 전투를 말하며 제1차 세계대전의 전쟁 양상을 설명하는 대표적인 특징이다.

　독일군은 슐리펜 계획의 실패 이후 점령지에 참호를 구

축했고 이후 프랑스군도 영국군과 함께 참호전의 맞수가 됐다. 연합군과 동맹군 측이 서로 측면을 포위하기 위해 프랑스 북쪽 방면으로 기동전을 시도했다. 이러한 일련의 과정을 '바다로 가는 경주(race to the sea)'라고 부른다.[9] 이러한 측면 포위 시도가 모두 실패하면서 로렌 지역부터 벨기에 해안까지 장장 1,000킬로미터에 걸쳐 단단하게 구축된 방어선이 형성됐다.

독일은 점령 지역을 방어하면서 영국과 프랑스군에 대한 공격을 모색하며 영국과 프랑스군보다 많은 참호를 구축했다. 영국과 프랑스군도 참호선을 구축했고, 독일군의 방어선을 돌파하기 위해 임시적인 용도로 사용하는 때도 많았다.

참호전에서 전투 장면은 처절했다. 양측의 참호선 사이에는 무인 지대가 있었고, 이 무인 지대에는 살아 있는 생명체란 있을 수 없었다. 오히려 수습되지 못한 시체들이 널브러져 있었다. 공격하는 쪽에서는 이러한 무인 지대를 통과해 적의 참호선을 돌파하기 위해서 먼저 포병 화력으로 참호선에 배치된 적군을 섬멸하고 나서 돌격을 감행했다. 그러나 방어하는 쪽에서는 다양한 모양으로 구축된 참호선에 기관총을 설치했고, 적의 포병 화력으로부터 생존한 단 1정의 기관총으로도 무인 지대로 돌격해 오는 적을 쓸어버려 돌격을 막아낼 수 있었다.

무인 지대와 참호는 피로 물들여졌다. 이 참호에서의 위생 상태는 형언할 수 없이 비극적이었다. 병사들은 참호에 고인 물 때문에 참호 족(Trench Foot)이라는 병에 걸리고, 지속하는 포탄과 항공기 공격으로 공황 상태에 빠졌다. 쥐가 참호 내의 방치된 시체나 부상병을 공격하는 때도 있었다고 한다. 독일군이 비교적 높은 지대에 위치해 위생상태가 좋았다고 하나, 보급이 시원치 않았기에 처참하기는 마찬가지였다.

제1차 세계대전의 참호전 양상으로 다양한 방어용 무기 체계와 참호를 극복하기 위한 공격용 무기 체계가 동시에 등장했다.

먼저 기관총은 참호전에서 가장 효과적으로 활용됐다고 해도 과언이 아니다. 최초의 기관총은 미국 남북전쟁 당시 반자동식으로 개발되어 사용됐다. 이후 맥심 기관총이 자동식으로 개발됐고, 제1차 세계대전에서 독일에 의해 선도적으로 사용됐다. 이후 양측이 서로를 살상하기 위한 무기 체계로 활용했다.

두 번째로 철조망은 적군의 침입을 막는 데 사용됐다. 철조망을 통과하려는 적군은 이에 맞춰 조준된 기관총에 의해 목숨을 잃고 말았다.

세 번째 화염방사기가 도입됐다. 1901년 화염방사기가 설

계되어 1911년에 사용된 후 제1차 세계대전 당시 참호전에 운용됐다.

네 번째 현대적인 형태의 박격포와 수류탄이 등장했다. 박격포는 보병이 운용하는 곡사 무기였다. 1453년 콘스탄티노플의 성벽을 파괴하기 위해 사용됐고, 조선 시대 태종 때에도 유사한 화포가 사용됐다고 한다. 1차 세계대전에서는 박격포가 소형화되어 사용됐고, 제2차 세계대전에서 개발되면서 현재 사용되고 있는 박격포의 원형을 완성했다. 그리고 수류탄은 동서양에서도 근대 이전에 사용됐다. 제1차 세계대전에서는 전쟁 발발 후 몇 년이 지나서 영국군이 수류탄을 개발해 1915년부터 참호전에서 사용했다.

다섯 번째는 저격 소총과 저격수 운용이었다. 독일군에 이어 연합국도 운용했다. 저격수는 광학 조준기가 장착된 저격 소총으로 참호를 벗어나는 적군을 저격했다.

여섯 번째는 대공포의 개발이었다. 제1차 세계대전이 발발하고 나서 영국은 대공포의 개발 필요성을 깨달았고 모든 나라에서 사용했다.

일곱 번째는 화학 독가스의 등장이었다. 고대에도 독가스가 사용됐다고 하나 화학적으로 정제된 독가스는 독일군이 최초로 개발해 사용했다. 1915년 4월 벨기에의 이프르(Ypres) 전선에서 독일군이 염소가스를 실전에 사용했다. 독일군의 염소가스 공격으로 연합군은 엄청난 피해를 보았다.

여덟 번째로 항공기가 최초로 전투에 사용됐다. 정찰기나 전투기를 보내 사진을 찍거나 폭탄을 투하했고, 자연스럽게 공중전도 시작됐다. 나중에는 항공기에 기관총이 장착되면서 공격적인 살상 무기로 진화했다.

끝으로 이러한 무기 체계가 참호전을 피로 물들이자 영국이나 프랑스는 기관총과 철조망이 지배하는 참호전을 극복하기 위해 전차를 개발했다. 이 전차는 1916년 9월 서부전선의 솜(Somme) 전투에서 최초로 투입됐다. 영국군 공병대 스윈턴(Swinton) 중령이 최초 아이디어를 냈다. 미국의 농업용 트랙터에서 힌트를 얻어 무한궤도식 장갑자동차에 화포와 기관총을 탑재한 형태로 개발됐다.[10] 우여곡절 끝에 이 아이디어를 수용한 것은 당시 영국의 해군 장관 처칠이었다.

이 전차를 처음 본 독일군은 당황했다. 그러나 전차는 소기의 효율성을 발휘하지 못하고 폐기됐다. 영국군은 전술적으로 전차를 분산 배치 운용했고, 기계적 결함이 잦고 기동성이 낮아 참호전을 끝내려는 목적을 달성하지 못했다. 제1차 세계대전에서 전차는 단지 모습을 드러내는데 만족했고, 그 막강한 위용은 제2차 세계대전까지 기다려야 했다.

독일의 영국 공습과 잠수함전 개시

전쟁은 군인이 하는 것이 아니고 국민이 하는 것이다. 제1차 세계대전은 서서히 참전국 국민의 몫이 됐다. 단기간에 끝날 것 같았던 전쟁은 장기전으로 접어들었고, 전쟁의 공포가 점점 더 각인되기 시작했다. 공중 폭격으로 민간인 사망자가 나오면서 공습이 있다는 사실을 깨달았다. 잠수함전을 통해 해상 교역이 차단되면서 먹거리 등 국민의 삶에 급격한 제동이 걸리며 생존의 위협에 직면했다.

항공기에 의한 공중 폭격이 역사상 최초로 제1차 세계대전에서 전쟁 수단으로 이용됐다. 항공기는 최초 정찰 목적으로 운용되면서 양측의 조종사들이 공중에서 서로 거수경례나 손 인사를 주고받기도 했다.

그러나 영국군이 1914년 8월쯤 기관총을 비행기에 싣고 독일 정찰기를 공격하자 독일군 비행기가 혼비백산하며 기지로 복귀하면서 상황이 변했다. 이른바 공중전이 시작되면서 제공권의 중요성에 대한 개념이 생겨났다. 비행기에 기관총과 함께 권총, 수류탄 등을 가지고 상대편 조종사를 죽이려고 시도했다.

항공기 무기 체계가 발전하면서 1915년쯤 연합국 측에서 먼저 기관총을 주 무기로 장착하고 프로펠러를 통과해 기관총 탄환을 발사하도록 전투기를 고쳐 독일군에게 위협했다. 이에 자극받은 독일군은 프로펠러의 회전과 기관총 탄환이 부딪치지 않게 하는 동조 장치를 개발하면서 기관총으로 무장된 단좌식 전투기로 진화했다.

또한 독일은 체펠린 비행선[11]을 사용해 영국의 수도인 런던에 야간 공습을 전개했다. 다만 체펠린 비행선은 크기에 비해 느린 속력 때문에 연합군의 손쉬운 목표가 됐다. 프랑스 북부 플랑드르에서 격추되기도 했다.

이처럼 제1차 세계대전에 항공기가 정찰기나 전투기로서 등장하며 상당한 성능 개량이 이뤄졌다. 그러나 제1차 세계대전 동안 항공기 개발 속도는 매우 느렸고, 본격적인 항공기의 개발은 제2차 세계대전에서 꽃을 피우게 됐다.

영국은 제1차 세계대전의 발발과 함께 독일에 대한 해상 봉쇄작전을 펼쳐 독일을 고립시키고자 했다. 해군력에서 영국에 뒤진 독일은 이를 만회하고자 잠수함 개발을 시작했고, 1915년부터 잠수함을 이용해서 공격에 나섰다.

독일군은 1915년 5월 심지어 영국의 정기 여객선인 루시타니아호를 공격해 침몰시켰다. 정기 여객선이지만 군수물자를 싣고 있었기 때문이다. 루시타니아호에 탑승했던 128명의 미국 승객이 사망하면서 미국과 독일의 관계는 악화되었고, 미국이 연합국에 가담해 전쟁을 선포하는 단계에 이르렀다. 그러자 독일은 미국에 사과하고 미국의 선박을 공격하지 않기로 약속하면서 일단락됐다. 그러나 이후 독일은 전세가 점점 악화되자 1917년 초부터 무제한 잠수작전을 전개하면서 미국에 참전 빌미를 제공해주었다.

연합군의 갈리폴리 상륙작전 패배

　영국의 이른바 동부인들의 '버팀목 쓰러뜨리기' 전략에 따라 영국은 유럽 동남부의 오스만제국을 공격했다. 연합국과 오스만의 대결은 지중해와 흑해를 연결하는 오스만제국령 다르다넬스해협에서 치열한 전투로 전개됐다. 제1차 세계대전이 발발했을 당시 터키는 중립을 지켰으나, 독일에 많은 원조를 받았고 전통적인 적대국인 러시아가 연합국 측에 참전하자 터키는 독일과 동맹을 맺으면서 동맹국에 가담했다.

　오스만제국은 독일 군사 고문단의 지원으로 40개 사단의 정규군을 갖추는 등 군사력이 증강됐다. 오스만군의 강화는 러시아 전선의 위협을 의미했다. 1914년 10월 독일군 지휘

아래 오스만 함대는 현재의 우크라이나 지역인 흑해 연안의 오데사를 포격하면서 참전했다. 1915년 2월 영국은 지중해 제해권을 확보하고 오스만제국을 독일의 동맹에서 제거시켜 동부전선의 러시아를 지원하고자 했다.

영국과 프랑스, 그리고 호주와 뉴질랜드의 앤잭 군단(ANZAC; Australian and New Zealand Army Corps)을 주축으로 해 갈리폴리 반도에 대한 상륙작전을 감행했다.

연합군의 작전은 제2차에 걸쳐 이뤄졌다. 2월부터 5월에 걸친 제1차 상륙작전에서 실패하자 해군 장관 처칠은 이에 대한 책임을 지고 사임했다. 이어서 제2차 상륙작전은 6주 후에 감행했으나 오스만군의 완강한 저항으로 실패했다.

연합군의 전술적 패배 원인은 육군과 해군의 긴밀한 협조 작전 부재와 병력의 축차적 투입이다.

상대적으로 터키군은 완강하고 강력한 참호선 방어를 통해 제1차 세계대전의 최대 상륙작전을 패배한 작전으로 만들었다. 최초의 잘못된 판단은 처칠 해군 장관이 해군과 육군의 긴밀한 합동작전이 필요하다는 보고를 무시하고 해군력만으로도 가능하다는 완고한 믿음에서 비롯됐다. 처칠 해군장관은 해군력만으로 좁은 다르다넬스해협 양안에 배치된 터키군 해안포대와 요새를 무력화하라고 명령했다.

해군 단독의 작전으로 다르다넬스해협의 터키군을 격파

하지 못했다. 그러나 당시 해군의 작전이 성과가 없던 것은 아니었다. 곧이어 상륙군이 공격했더라면 당시 오스만군은 탄약이 바닥나고 붕괴하기 직전이었다. 이후 연합작전을 구상하면서 6주간의 시간을 낭비했다. 이 기간에 오스만군은 전열을 회복할 수 있었고, 완강한 방어작전으로 갈리폴리의 일부 지역에 상륙한 연합군을 해안에 고립시키는데 성공했다. 특히 훗날 터키 건국의 아버지가 되는 캐말 무스타파 대령이 지휘하는 오스만군 제19사단의 활약으로 영국군은 진퇴양난에 빠졌다. 이후에도 영국군은 세 차례에 걸친 대공세를 펼쳤지만 참호선에 배치된 오스만군 기관총의 방어로 실패하고 1916년 1월 갈리폴리에서 철수해야만 했다. 오스만군은 승리했으나 사망자로만 보면 연합국이나 오스만군 모두 각각 25만 명에 이르렀던 혈투였다. 오스만군의 승리로 오스만제국은 마지막 자존심을 세우고, 러시아와 연합군의 연결을 잠시나마 지연시킬 수 있었다.

그러나 이 시기에 인류가 인류에게 저지른 대량 학살이 오스만에 의해 동부 지역에 거주하는 기독교계 아르메니아인에 대해 자행되는 일이 발생했다. 오스만제국이 동맹국에 가담하면서 러시아군은 오스만 동부 국경을 점령했고, 그 지역에 거주하던 아르메니아인은 러시아군으로 참전했다. 터키인의 반아르메니아 감정이 폭발하면서 대량 학살이 벌어졌다. 이 사태로 인한 사망자는 터키 측 집계에 따르면 20만 명, 아르메니아 측 집계로는 200만 명에 이르는 것으로 주장되면서 오늘날까지 논란이 된다.

제4장

1916년 살육전

서부전선의 베르됭 혈투

1914년 마른강의 기적 이후 양측은 난공불락의 참호선을 돌파하기 위해 수차례의 돌파작전을 감행했다. 그러나 매번 막대한 인명 피해를 내면서도 최초 기습 공격의 효과를 얻는 것 이상의 성과를 얻지는 못했다. 이 시기에 독일은 독가스전을 감행하기도 했다.

1916년 2월 동부전선에서 사용했으나 혹한으로 성과를 보지 못했다. 그러나 4월 벨기에 지역의 돌출부인 이프르에서 약 5,000개의 가스통을 열어 연합군 쪽으로 독가스를 흘려보낸다. 독가스 공격의 성공으로 약 4마일의 돌파구가 형성됐으나 독일군도 예비대가 부족하고 독가스에 대한 공포로 후속작전이 이뤄지지 않았다. 이처럼 양측은 서로 국부적인 돌파작전을 여러 번 시도했으나 막대한 손해만을 입으며 실패를 반복했다.

1916년에 접어들어 독일은 서부전선의 교착상태가 장기화되자 불안을 느꼈다. 연합군보다 전쟁 지속 능력이 제한된 독일은 어디든지 돌파구를 마련하고자 했다. 독일 처지에서 동부전선은 4월 이전에 작전이 제한되므로 서부전선에서 대규모 공격을 구상했다. 이러한 배경에서 2월 제1차 세계대전 기간 중 가장 치열한 전투로 불리는 베르됭 전투가 7월까지 전개됐다.

독일의 팔켄하인 참모총장은 교착상태를 타개하기 위해 베르됭 지역을 선정했다. 이유는 장기적인 소모전을 통해 서부전선에서 프랑스군을 고사시키면 독일군이 승리할 수 있다고 생각했다. 이러한 작전 목적에 따라 프랑스의 중요한 요새를 공격하면, 프랑스군은 모든 병력을 동원해서 방어할 것이고, 그때 프랑스군을 모두 소멸시킬 것으로 기대했다.

베르됭 전투는 제1차 세계대전 중 가장 길고 잔혹한 전투로 알려졌다. 베르됭 요새는 로마 시대에 구축되었다.

보불전쟁 당시에도 최후까지 버틴 곳으로서 프랑스 국민에게는 커다란 의미가 있는 전설적인 요새였다. 팔켄하인은 이러한 점을 전략적으로 노렸다. 따라서 독일군은 유래를 찾

아볼 수 없을 정도로 엄청난 전쟁 물자를 철도로 베르됭전 선으로 수송했다. 당시 프랑스는 독일군의 움직임을 파악하 고 독일의 공격을 예상은 했으나 베르됭은 아닐 것으로 생 각했고 그 규모도 예상을 넘어 사전에 충분한 대비를 하지 못했다.

2월 21일 새벽 독일군은 프랑스군 진지에 엄청난 포병 화 력을 쏟아부었다. 1,400문 이상의 대포로 새벽부터 12시간 이상 시간당 10만 발의 포탄을 발사했다. 제1차 세계대전 개 전 이후 최대의 포격이었다.

더구나 지상 포격에 더해 공중 폭격이 처음으로 가해졌다. 160여 대의 폭격기와 10~20여 대의 비행선과 대형 풍선이 가세해 공중에서 지상을 향해 폭탄을 퍼부었다. 독일군의 나 흘 동안 기습 포격으로 프랑스군은 10만 명의 전사자가 발 생했고 2월 25일에는 제2 방어선이 무너지고 최후 전방 보 루였던 두오몽 요새까지 함락됐다. 이 전투에서 대량 살상 무기로 개발한 화염방사기가 최초로 사용됐다. 화염방사기 를 든 독일군 돌격 부대는 프랑스군의 벙커를 불길로 쓸어 버렸다.

프랑스의 조프르(Joseph Jacques Césaire Joffre) 사령관은 베르 됭 방어를 페탱(Henri Pétain) 장군에게 맡겼다. 페탱은 증원 병력을 베르됭 요새로 이동시켰다. 수많은 시민과 의용군까지 동원해 약 1,700여 대의 군용 트럭이나 차량을 동원해 대규모 병력과 병참 물자를 수송했다. 프랑스군의 반격이 시작됐고, 2월 26일부터 29일까지 전력을 다해 독일군의 공격을 저지했다. 두오몽 요새를 하루 만에 탈환해 '베르됭의 기적'을 달성했다. 양측의 격전으로 각각 수만 명의 사상자가 발생했고 그 처절함은 상상을 벗어날 정도였다.

이후 3월 말 독일군이 다시 공격했으나 프랑스군의 방어 진지는 더욱 강력해졌고, 뫼즈강 동서쪽 언덕과 능선에서는 공격과 반격, 재탈환이 반복됐다. 5월에 독일군이 뫼즈고원을 다시 공격해 함락했으나, 영국과 프랑스 연합군이 대규모 반격을 감행해 독일군은 패배했다.

베르됭 전투로 프랑스군과 독일군은 42만 명이 사망했고 100만 명 이상 사상자가 발생했다. 프랑스 국민은 베르됭 전투 승리를 구국의 일전으로, 독일의 사기를 꺾은 결정적 전투로, 그리고 위대한 방어전으로 기억했다.

베르됭의 기적으로 제2차 세계대전에 임하는 연합국의 뇌리에 방어라는 전쟁의 형태에 대한 무한한 신뢰를 하면서, 방어 위주 사상이 자리 잡는 계기가 됐다. 이러한 생각은 나중에 제2차 세계대전에 임하는 연합국의 수뇌부에게 신념으로 자리 잡았다.

동부전선의 브루실로프 공세

베르됭 전투는 동부전선에서 브루실로프(Aleksei Brusilov) 공세를 초래했다. 베르됭 전투가 시작되자 프랑스는 영국과 러시아에 지원을 요청했다. 러시아는 동부전선에서 독일을 상대로 적극적인 공세를 펼치지는 못했으나, 동부전선 남부의 오스트리아를 상대로 성공적인 공세를 펼치며 오스트리아 영토 내로 진격할 수 있었다. 이에 위기의식을 느낀 오스트리아는 독일과 함께 동부 공세를 펼쳐 잃어버렸던 영토를 대부분 탈환했다.

이 상황에서 러시아의 1916년 공세 계획은 입안되었다. 또한 오스트리아는 5월 이탈리아에 대해 공격을 시작했다.

이탈리아도 러시아에 지원을 요청했다. 이탈리아의 지원 요청에 러시아 군부는 반대했다. 러시아 군부의 반대에도 불구하고 러시아 황제는 지원을 결심했고, 이에 부응해 브루실로프 장군은 적극적으로 공격작전을 구상한다.

러시아군은 폴란드 방면에 주공을 두고 서부 집단군은 비르나(Vilna) 방향으로 공격하고, 조공은 북부 집단군과 브루실로프 장군이 지휘하는 서남부 집단군이었다. 브루실로프 장군은 오스트리아군의 예비대를 흡수하기 위한 작전 구상을 하고 철저한 준비와 예행연습 후 공격에 나섰다. 브루실로프 장군은 오스트리아군의 중앙에 80킬로미터 폭으로 돌파구를 형성하면서 진격해 오스트라아군 70만 명 이상 손실을 입혔다.

브루실로프 집단군의 선전으로 독일의 힌덴부르크와 루덴도르프 장군은 서부전선으로부터 4개 사단과 오스트리아군 2개 사단을 철도를 이용해 오스트리아로 긴급히 투입한다. 브루실로프 집단군이 선전하자 러시아 황제는 최초 조공이었던 브루실로프군을 주공으로 전환해 돌파를 계속했다. 그러나 동맹군의 증원으로 약 25개 사단이 방어를 하자 상대적인 러시아군의 병력 열세로 9월 말에 이르러 다시 소강상태에 빠졌다.

러시아군은 35만 명의 포로와 물자, 그리고 넓은 영토를 얻었으나, 반대로 무려 백만 명에 달하는 손실을 보았다. 러시아는 브루실로프 공세의 성과에도 불구하고 내부적으로 엄청난 피해를 보고, 반전사상에 만연되면서 혁명을 초래하며 몰락의 길로 들어선다.

독일도 베르됭전선에서 15개 사단을 전용했기 때문에 서부전선에서 전력의 열세를 겪는다.

유틀란트 함대 결전

독일은 1900년대 들어서 영국의 해상 지배권에 도전하고 자 했다. 당시 강대국의 국력을 상징하는 것은 전함이었다. 그러나 전체적인 해군력 규모에서 독일은 영국에 뒤진 상태였다. 이러한 상태에서 1916년 5월 31일부터 6월 1일까지 양국이 대규모 해전을 벌인다. 당시 양국은 최대의 전함인 드레드노트급 함선[12] 44척을 동원해 해전사상 가장 큰 해전을 벌였다.

독일의 대양 함대(High Sea Fleet)는 영국의 대함대(Grand Fleet)를 북해 지역에서 축차적으로 소모하게 하려는 전략을 세웠다. 영국과 독일의 전력을 비교해 보면, 드레드노트급 전함 28척 대 16척, 전드레드노트급 전함 0척 대 6척, 순양전함 9척 대 5척, 장갑순양함 8척 대 0척, 경순양함 26척 대 11척, 구축함 78척 대 61척에서 보듯이 영국 전력이 압도적으로 우위에 있었다. 그러나 초기 전투는 물론 영국 포위망을 독일 함대가 돌파하면서 독일이 좀 더 효과적으로 전투했다.

영국은 순양함 3척, 장갑순양함 3척, 구축함 8척 등 총 11만 3,300톤 규모의 손실을 보았으나, 독일은 전드레드노트급 전함 1척, 순양전함 1척, 경순양함 4척, 어뢰정 5척 등 총 6만 2,300톤의 손실로 독일이 전술적 승리를 했다고 볼 수 있다.

전투의 승패에 영향을 미친 요인으로 독일 전함은 격실을 두껍게 하고 탄약고와 포탑 등에 철저한 방염 대책을 세웠지만, 영국함은 속사에 주력해 함상에 탄약과 포탄을 쌓아 놓아 독일함 공격에 큰 피해를 보았다. 더구나 영국 함대 사령관이었던 젤리코(Jellico)와 비티(Beatty) 사령관의 원활한 협조 미흡으로 독일 함대를 섬멸할 기회를 놓쳤다. 그러나 독일 함대도 큰 피해를 보았으나 철저한 훈련과 영국 함대의 공격을 받고 신속하게 응급조치를 취하는 등 대처를 철저히 해 전술적으로 승리할 수 있었다.

그러나 독일군은 전술적 승리에도 불구하고 전략적으로

북해 지역에서 영국 함대가 갖고 있던 해상우세권을 물리치는 데는 실패함으로써 패배했다는 평가를 받는다. 유틀란트 해전에 대한 미국 언론의 논평으로서 "죄수가 감방에서 나와 간수 따귀를 한 대 날리고 다시 감방으로 돌아갔다"고 그 결과를 핵심적으로 요약했다.

유틀란트 해전은 전함 대 전함이 격돌한 함대 결전으로서 1905년 쓰시마 해전에 이어 제1차 세계대전 기간 중 유일하고도 마지막 해전이 됐다. 그리고 이후의 해군 발전에도 영향을 미친다. 장거리 사격전·주포의 대구경화·갑판으로 떨어지는 포탄에 대한 갑판 방어의 중요성 등이 제기됐다.

해전 이후 영국 함대는 드레드노트함 24척과 순양전함 4척을 가동함으로써 10척을 남긴 독일에 비해 수적으로 우세한 전력을 유지했다. 피해를 본 함선을 조기에 복구하면서 강력해졌다. 독일 함대는 전술적 승리에도 불구하고 주력함은 3개월 이상의 대파 상태였다. 결국 이후 독일은 영국 수상 함대와의 대규모 해전을 포기했다. 군항에 함선을 묶어 놓고 잠수함을 이용한 무제한 잠수작전으로 전략을 전환한다. 무제한 잠수작전은 미국의 제1차 세계대전 참전을 끌어내면서 독일의 패전에 결정적 요인이 된다. 그리고 독일은 대전 말에 킬(Kiel) 군항의 수병이 폭동을 일으키면서 항복을 재촉하게 됐다.

서부전선의 솜 살육전, 전차의 출현

독일군이 베르됭 공격을 기획하는 것과 마찬가지로 참호전이 장기화되자, 연합군도 독일군의 예비 전력을 소모시키고자 공격작전을 계획했다. 1915년 12월 프랑스군 최고사령관 조프르 장군과 영국 원정군 사령관 헤이그(Douglas Haig) 장군은 1916년 대규모 공세에 합의했다. 이후 1916년 회합을 통해서 공격 계획을 다시 확정했다.

독일군의 베르됭 공세로 인해 연합군의 작전은 변경되어 솜 지역으로 결정됐다. 솜 지역은 파리를 중심으로 북부에 위치한다. 연합국은 독일군의 우익을 돌파해 베르됭으로 집중된 독일군의 압력을 제거하고 전선을 돌파해 파리 동쪽

80킬로미터 거리에 있는 노용 돌출부를 제거하고자 했다.

이른바 독일의 슐리펜 계획을 정반대로 적용하는 것이었다. 독일군은 베르됭 전투의 실패 이후 병력을 솜 지역으로 전환해 수비 태세로 전환하고 있었다.

7월 1일 아침 연합국은 대규모 돌격을 개시했다. 독일군들은 연합국의 대공세를 예상하고 대비하고 있었다. 첫날에만 5만 8,000명의 영국군이 무인 지대에서 독일군의 기관총에 쓰러졌다. 영국은 독일군의 최초 방어선을 점령하는 데 성공했으나 40킬로그램의 중장비를 한 영국 보병의 진출은 한계가 있었다.

영국군은 7월 14일 제2차 공격을 감행해 독일의 2방어선을 돌파하면서 승기를 잡았으나 예비대 투입의 지연으로 또다시 교착될 수밖에 없었다. 이후 2개월간 다시 소강상태에 빠졌다. 독일의 참모총장으로 임명된 힌덴부르크는 솜 지역의 병력을 증강하고 방어진지를 강화했다.

연합군은 9월 초에 제3차 공격을 감행했다. 제3차 공격에서 영국군은 교착된 전선을 타개하기 위해 최초로 전차를 투입했다. 영국군은 최초 59대의 전차를 투입하려고 했으나 실제 9대만을 운용했다. 독일군은 최초 전차의 출현에 혼비백산했으나 영국군의 돌파구 형성에 도움되지 못했다. 11월 폭설로 솜 전투는 종결됐다.

5개월 동안의 격전을 통해 연합군은 15킬로미터를 전진하는데 머문다. 그러나 이 전투를 통해서 연합군은 62만 명의 사상자를, 독일군은 50만 명의 사상자를 냈다. 이 전투를 통해 인류가 대량 살상 무기로 개발한 화염방사기와 독가스가 사용되는 실험장이 되기도 했다.

레마르크(Erich Maria Remarque)는 소설 『서부전선 이상 없다』에서 이 당시의 전투 참상을 낱낱이 기록했다. 그는 18세에 징집되어 서부전선에서 독일군 병사로 참전했다. 그는 전쟁이 얼마나 무의미하고 비인간적이며 오직 인간들 간의 살육 행위에 지나지 않음을 고발했다.

베르됭 전투에 이은 솜 전투에서 양측은 많은 교훈을 얻었다. 프랑스는 요새의 중요성을 뼈저리게 느끼고, 베르됭 전투에 이어 요새와 같은 방어가 전쟁에서 최선이라는 방어 제일주의 사상에 빠지게 된다. 이러한 신념은 제2차 세계대전 이전에 독일의 침공에 대비해 마지노선을 구축하게 했다.

그러나 독일군에서 베르됭 전투에 참전해 참호를 구축하던 젊은 위관장교 하인츠 구데리안(Heinz Wilhelm Guderian)은 다른 생각을 한다. 적의 난공불락의 요새를 구태여 공격하지 말고 그 요새를 피해 가면 되지 않을까?

그는 히틀러의 인정을 받고 제2차 세계대전 초기 프랑스 침공작전에서 군단장으로서 기갑사단을 지휘해 중립국을 통해 마지노선을 우회해 단번에 프랑스를 점령했다. 마지노선을 무용지물로 만드는 창조적인 전략을 발전시켰다.

솜 전투는 전차가 전장에 최초로 출현한 전투였다. 전차는 엄청난 충격을 주었으나 많은 결함과 고장으로 신뢰받지 못했다.

그러나 이 전투에서 전차의 가치를 인정한 전략가들이 참전했다. 당시 솜 전투에 참전했던 영국의 풀러(John Frederick Charles Fuller) 소령은 전차의 가치를 인정하고 기계화전 이론을 발전시켰다. 그리고 현대 군사전략을 개척한 리델 하트(Sir Basil Henry Liddell Hart)도 대위로 참전해 첫날 생지옥 속에서 살아남았으나 부상으로 전역했다. 당시 리델 하트가 소속한 대대에서 단 2명만이 살아남을 정도로 치열한 전투였고, 이러한 경험은 이후 그의 전략사상 형성에도 영향을 준다. 그리고 풀러와 함께 기계화전 이론과 간접 접근 전략 사상을 발전시킨다.

그리고 솜 전투에서는 다르다넬스 전투의 패배로 해군 장관직을 사임했던 처칠이 육군 소령으로 참전했고, 이후 제2차 세계대전에서 영국의 전쟁 지도자로서 중요한 역할을 한다.

제5장

1917년 국면 전환

러시아 내전과 공산당의 출현

 1917년 러시아 내부의 누적된 불만은 1613년부터 지속해 온 로마노프 왕조의 알렉산드르 황제를 폐위시키며 전제군 주정치를 종식한다. 러시아제국은 유럽 내에서도 철저한 전 제군주 국가로서 근대화 개혁을 추진했으나, 사회 개혁이 제 대로 이뤄질 수 없는 구조였다.

 1905년 러일전쟁은 국민의 불만을 폭발시키는 직접적인 기폭제가 됐다. 일본이 러시아가 점유하고 있던 뤼순항을 기 습 공격함으로써 전쟁은 발발한다. 전쟁은 전 세계 여론의 예상을 깨고 일본의 승리로 끝났다.

 러시아에서는 러일전쟁의 패배 이후 1905년 정교회의 주도로 개혁을 요구하는 민중운동이 일어났다. 이른바 '피의 일요일'이라는 학살 사건이다. 당시 러시아 인민은 황제 차르를 아버지라고 믿었다. 1월 22일 러시아의 수많은 노동자와 가족이 노동조합 설립과 근로조건 향상을 요구하는 시위를 벌였다. 그러나 차르는 이를 무력으로 진압하면서 하루에만 3,000명 이상의 사상자가 발생했다. 인민의 황제에 대한 환상은 깨어지고 이는 러시아제국에 대한 불만으로 폭발한다. 이후에도 인민의 불만은 파업과 반란으로 이어지면서 생활은 여전히 나아지지 않았다.

1907년 들어 피의 일요일 사건 이후의 불만이 다소 진정됐다. 러시아 경제가 성장했기 때문이다. 러시아 황제 니콜라이 2세는 1914년 제1차 세계대전이 발발할 무렵 국내의 불만을 진정시키기 위해서 많은 병력을 모집했다. 이에 민중은 폭발적인 호응을 보이면서 1,500만 명이나 전선에 지원했다.

그러나 제1차 세계대전에 참전한 후 러시아군은 타넨베르크 전투에서 섬멸적인 패배를 당했고, 수많은 노동력이 참전하면서 인민의 삶은 더욱 어려워졌다. 니콜라이 2세는 1915년부터 직접 전투 지휘에 나섰고, 국내 정치는 알렉산드라 황후에게 맡겼으나 무능한 통치는 파탄지경으로 치달았다.

1917년 3월 8일(구력 2월 23일) 제1차 세계대전이 장기화되면서 영하 20도의 추위 속에서 몇 시간째 배급을 기다리던 시민에게 군인들은 "식량이 없으니 돌아가라"고 외친다. 이 한 마디는 그동안 인민의 누적된 불만을 자극하면서 페트로그라드 시위를 초래했다. 이 시위에 무려 8만 명이나 가담해 빵과 우유를 요구했다.

니콜라이 2세는 시위를 진압하라는 전보를 보냈으나 수도 방위를 맡고 있던 하발로프 장군은 명령을 거부하고 오히려 반란을 일으켜 시위대에 가담했다. 2월 혁명은 볼셰비키 혁명이라고 부르는 최초의 마르크스주의 혁명이 됐다. 레닌(Lenin)이 망명지인 스위스에서 독일의 지원을 받아 러시아로 귀국한 지 6개월여 만이었다. 2월 혁명의 성공으로 니콜라이 2세가 퇴위하고 부르주아와 사회주의자의 연합 정권인 케렌스키 임시정부가 뒤를 이었다.

그러나 임시정부가 무력함을 드러내자 레닌이 이끄는 볼셰비키당의 인기가 높았고, 이들은 전쟁을 끝낼 것을 요구했다. 러시아는 2월 혁명 이후 귀족 부르주아와 임시정부, 노동자 및 병사의 소비에트로 대립하고 있었다. 레닌은 4월 자신을 환영하는 민중 앞에서 "자본주의 타도 없이는 종전은 불가능하다"는 10개 항에 걸친 4월 테제를 발표하면서 '임시정부 타도'와 '모든 권력은 소비에트로!'라는 구호를 내걸고

임시정부에 대항했다.

결국 11월 7일(구력 10월 25일) 볼셰비키는 10월 혁명을 일으켜 임시정부를 함락시켰다. 볼셰비키 군사혁명 위원회는 수도 상트페테르부르크에서 1,000명의 적위대를 이끌고 케렌스키 임시정부를 타도하는데 성공하고 소비에트 러시아를 건국했다. 볼셰비키파는 제1차 세계대전을 침략전쟁으로 간주하고 무배상·무합병·민족자결주의를 기초로 하는 평화를 외쳤다.

그리고 12월 15일에 소련은 독일과 휴전 조약에 서명했다. 소련은 트로츠키를 독일에 파견해 강화하려 했으나 독일은 동의하지 않았다. 1918년 2월 10일 트로츠키가 귀국한 이후 동부전선에서 11일간에 걸친 작전으로 우크라이나를 무저항으로 장악하며 무력시위를 벌였다. 러시아 적위대는 이를 저지할 능력이 없었다.

볼셰비키는 3월 3일 브레스트-리토프스크 조약을 받아들이는 것이 유일한 선택이 됐다. 레닌은 곧 전 세계적인 혁명이 일어날 것으로 기대하고 이러한 양보는 일시적이라고 생각했다. 이 조약에서 핀란드·발트 3국·폴란드와 우크라이나 대부분을 동맹국에 할양하는 등 광대한 영토를 넘겨주었다. 그리고 8월 27일 베를린에서 추가 조약에 의해 러시아는 거액의 배상금까지 지급하게 됐다.

이후 1918년 11월 13일 동맹국의 항복으로 이 조약은 8개월 만의 효력을 가진 조약으로 파기됐다. 이 조약을 받아들인 볼셰비키 정부는 구제국의 영토를 빼앗기는 결과를 초래했기에 국내의 비난을 받으며 위기에 처했고, 결국 내란에 영향을 미쳤다.

그러나 독일은 40개 사단의 예비대를 점령한 영토에 투입해 수비했다. 독일군의 병력 전환은 이후 독일군이 춘계 공세 등에서 실패하고 군수 지원 등에서 어려움을 겪는 원인이 됐다.

1918년 1월 적위대가 주요 전투에서 패배한 이후 국방 인민 위원 트로츠키는 군을 전문화하기 위해 '노동자와 농민의 붉은 군대'를 재조직했다.

6월 혁명군이 부족하자 소비에트 정부는 징병제를 도입했다. 전제국군의 장교들을 군사 전문가로 이용하면서 이들을 감시하기 위해 정치위원 한 명씩을 붙여 감시하고, 때로는 이들의 가족을 인질로 삼으면서 붉은 군대에 충성을 강요했다.

1917년 10월 혁명 이후 러시아에서는 볼셰비키를 지지하는 적군과 황제를 지지하는 백군으로 나뉘면서 내전이 전개됐다. 러시아 민중은 레닌 주도의 공산주의 혁명 세력을 지지했으나, 백군은 황제를 지지했고 영국·프랑스·미국·일본

등의 제국주의 국가도 백군을 지원했다. 내전 초기에는 백군이 상대적으로 우수한 제국군 장교들의 통솔력과 강력한 무기로 인해 우위에 설 수 있었다. 그러나 단순히 구체제의 복구를 원하는 백군은 그들을 후원하는 귀족이나 자본가들이 있다는 사실을 잘 아는 농민이나 노동자들에게 지지를 받지 못했다. 1920년 적군은 일본군과 백군을 전멸시킨다. 결국 1922년에 백군이 패망하면서 12월 30일 소비에트 연방의 탄생을 가져온다.

1918년 3월 6일 브레스트-리토프스크 조약이 비준되면서 러시아는 연합국으로부터 해체됐다. 이후 연합국은 러시아가 독일의 지원국으로 전락하는 것을 저지하고, 또한 공산주의 혁명이 자국에 전파되는 것을 저지하고자, 러시아 내전에서 백군을 지원하면서 소규모 군사 개입까지도 감행한다.

대부분 외세 개입은 크림반도 전투에서 패배하면서 1920년에 끝났지만, 1923년에야 완전히 종료됐다.

국제정치에서 영원한 우방과 적이 없다는 엄연한 현실은 러시아 공산화 과정에서 연합국과 적대 관계로 전환되면서 또다시 구현됐다.

독일의 무제한 잠수함작전과
미국의 참전

1915년 루시타니아호를 침몰시킨 후 미국과 관계가 악화됐으나 독일의 사과로 일단락되었고, 이후에도 8월 영국의 대형 여객선 아라빅(Arabic)호를 격침해 영국은 독일에 강력하게 항의했다. 그리고 1916년 3월 프랑스 선박인 서식스 호가 영불해협에서 격침됐다. 많은 미국인이 익사함에 따라 미국의 반발이 거셌고 미국 참전을 두려워한 독일은 계속해서 잠수함전을 주장하는 티르피츠(Alfred Tirpitz) 해군대신을 해임했다.

미국 윌슨 대통령은 1916년 4월 독일 잠수함전에 대해서 최후통첩을 했다. 독일 총리 홀베크(Bethmann Hollweg)는 미국의 참전을 두려워해 5월 이후부터 잠수함전을 순양함전으로 변경하면서 미국과 관계가 완화됐다.

그러나 독일은 전세가 점점 악화되자 1917년 1월 30일부터 다시 무제한 잠수함전을 재개했다. 해상 교통을 철저히 차단해 연합군의 군수물자 지원을 방해하기 위해 모든 국가의 선박에 대한 공격을 시작했다. 무제한 잠수작전으로 연합국은 상당한 피해를 봤다. 4월에만 연합국 및 중립국 선박 423척이 격침됐고 영국은 심각한 식량 위기에 빠졌다. 당연히 연합국에 군수물자를 공급하고 있던 미국 선박은 엄청난 피해를 보았다.

1917년 1월 22일 미국 윌슨 대통령은 상원에서 독일을 비롯한 동맹국 측에 평화를 호소했다. 미국은 당시 중립국 위치에 있었음에도 독일군의 무제한 잠수작전으로 피해를 보자, 참전 여론이 거세게 일어났다. 독일은 1월 31일 무제한 잠수함전을 미국에 통고함에 따라 윌슨은 2월 3일 독일과 국교를 단절했다.

더구나 3월 1일 미국을 결정적으로 자극한 중요한 기사가 조간신문에 났다. 독일 외무 장관인 치머만(Arthur Zimmermann)이 1917년 1월 16일 멕시코 주재 독일 대사에게 보낸 이른바 '치머만 전보'를 영국 해군 정보부가 해독해 게재했다. 이 전보의 내용은 독일이 멕시코와 동맹을 맺고, 멕시코와 함께 일본을 끌어들여 미국을 공격하자는 제안이었다. 그 대가로 재정적 지원과 함께 미국에 빼앗겼던 텍사스·뉴멕시코·애리조나를 되돌려 주는 것이다. 이는 미국의 독일에 대한 반감을 결정적으로 자극하는 것이었다. 미국은 멕시코와 장기간 분쟁 중이었다.

미 의회는 4월 2일 독일에 대한 선전포고를 결의했고, 4월 6일에 선전포고를 했다. 멕시코는 미국이 독일에 선전포고한 직후에 치머만의 제안을 거부했다.

독일의 무제한 잠수함작전과 치머만 전보는 미국이 연합국으로 참전하는 결정적 요인이 됐다. 미국은 1917년 6월 퍼싱(John Jack "Black Jack" Pershing) 장군이 지휘하는 1개 사단을 프랑스로 파견하면서 민주주의와 세계 평화의 수호자로서 첫발을 내디뎠다. 미국 참전으로 제1차 세계대전의 전세는 연합국으로 기울게 된다.

중동에서의 전세 전환,
팔레스타인 비극의 잉태

중동 지역에서 연합군과 오스만제국의 대결은 1917년을 계기로 연합국에 우세해졌다. 오스만제국은 1915년 갈리폴리에서 연합군을 성공적으로 격퇴했다. 그러나 1917년 오스만제국은 중동 지역에서 연합군에게 밀리면서 종전으로 이어졌고 결국 항복하기에 이른다.

오스만제국은 1914년 8월 오스만-독일 비밀 동맹 이후 러시아의 코카서스 영토를 위협했다. 그리고 수에즈 운하를 통한 영국-인도 간 연결을 위협하면서 연합군과 양면 대결을 펼쳤다. 1915년 갈리폴리 전역에서는 승리했으나 전체적으로 고전하면서 독일은 지원군을 파병했다.

중동 지역에서의 코카서스 전역·페르시아 전역·갈리폴리 전역·메소포타미아 전역(현재의 이라크 지역)·시나이와 팔레스타인 전역 그리고 사우디아라비아 전역에서 복잡 다양하게 전개됐다. 특히 이집트·팔레스타인과 메소포타미아 전역은 이후 제2차 세계대전을 거쳐 현대에 이르기까지 중동의 비극으로 연결되고 있다.

먼저 메소포타미아 전역으로서 영국은 페르시아 남부의 유전과 아바단 정유소를 보호하기 위해 1914년 11월에 영국군을 보내 바스라를 점령했다. 영국은 1912년부터 이란 남부에 석유 생산 시설을 세웠고 이를 보호했다. 오스만군은 독일 지원을 받으며 영국과 러시아군 간의 연결을 끊고 카스피해의 유층지대를 점령하기 위해 페르시아를 침공했다. 당시 페르시아는 표면상 중립을 표명했으나 사실상 영국이나 러시아의 영향 아래 있었기 때문이다.

영국군은 1915년경 여름 이라크 남부의 여러 도시를 장악했다. 타운센드(Townshend) 장군이 지휘하는 영국군은 가을까지 바그다드를 점령하고자 티그리스강과 알 쿠르나를 거쳐 바그다드로 북진하려 했다. 그러나 중간에 진격을 중단하고 티그리스강의 만곡부로 철수해 강력한 방어진지를 구축했다. 영국군은 무려 140일 동안 오스만군의 포위 공격으로 1916년 4월 항복할 수밖에 없었다.

영국은 서둘러 모드(Frederick Maude) 장군을 중동 지역 사령관으로 파견했다. 모드 장군은 항구·철도·통신 등을 확보하고 정비해 1916년 12월 다시 진격했다. 1917년 3월 바그다드를 확보했고, 다음 해에는 북쪽으로 진군해 10월에 모술을 함락함으로써 이라크 지역을 완전히 점령했다.

영국은 이라크 지역을 점령한 후 아랍인에게 일정 자치권을 주겠다는 담화를 발표했다. 아랍인은 오스만의 지배를 벗어나기 위해서 영국군을 지원했다.

다음으로 서쪽의 이집트·팔레스타인·시리아로 이어지는 방향에서 연합군과 오스만의 대결이다. 1916년쯤 영국군은 갈리폴리 전투에서 철수한 뒤에도 이집트에 머리(Murray) 장군하의 25만 명 병력을 주둔해 수에즈 운하를 터키군으로부터 보호하고자 했다.

영국은 터키군의 주의력을 분산시키기 위해 현재의 사우디아라비아 서쪽과 지중해 연안에 있던 헤자즈 왕국 지역에서 아랍인의 반란을 일으키려 했다. 터키군은 이러한 반란을 무력화시키고자 병력을 보내 무자비하게 진압했다. 이러한 터키군의 만행은 아랍인의 단결을 더욱 고무시켰다.

또한 영국은 아랍인을 지원하기 위해 1916년 10월에 로렌스(Thomas Edward Lawrence) 중위를 파견한다. 로렌스는 헤자즈 왕 후세인 아들인 파이살과 함께 터키군의 측면을 우회하고 후방을 차단 및 교란하는 게릴라전 지도자로서 큰 전과를 세웠다. 특히 1917년 7월 단지 50여 명의 베두인 전사를 이끌고 모세 이후 최초로 2개월간의 행군으로 네푸드 사막을 횡단했다. 그리고 가자 동북방에 있는 터키 후방의 아카바 함락에 성공하면서 아라비아의 영웅으로 추앙받는다. 그의 활약은 1962년 〈아라비아의 로렌스〉란 영화로 만들어져서 문명의 탈을 쓴 제국주의의 탐욕과 야만적 실체를 고발한다.

1916년 12월에 영국은 대공세를 취하면서 시나이 사막의 오스만 전초기지를 점령한다. 그러나 영국군은 가자에서 오스만군에 격퇴당하면서 전열을 재정비한다.

1917년 7월 머리 장군은 가자 전투에서 패배한 후 본국으로 복귀하고 앨런비(Edmund Allenby) 장군이 부임하면서부터 팔레스타인 전선의 양상은 연합군에 유리하게 전환된다. 10월 앨런비 장군은 가자 공격을 기만하면서 동쪽의 네게브 사막에 있는 베르셰바를 함락한 다음 곧이어 가자까지 함락했다. 계속해서 12월에 북쪽으로 진군해 예루살렘을 함락했다. 이슬람교도가 예루살렘을 지배한 지 4세기 만이었다. 터키군은 새로운 방어 전선을 구축할 여유도 없이 수세로 전환했다. 연합군은 새롭게 전열을 정비하고 1918년 9월에 북진을 시작했다. 앨런비의 정규군과 로렌스의 비정규군 합동

작전으로 다마스쿠스로 진격했고, 마침내 1918년 10월 1일 로렌스의 병력이 먼저 다마스쿠스에 도착했다. 그리고 10월 30일 터키는 항복문서에 서명한다.

영국은 중동에서 오스만군을 물리치고 제국주의적 이익을 달성하기 위해 아랍인은 물론 세계 각지에 흩어져 살던 유대 민족의 지원을 끌어 내기 위한 조치를 했다. 문제는 아랍과 이스라엘의 독립을 동시에 보장해 준다는 모순된 제안으로써 현재까지 이어지는 비극을 잉태했다.

먼저 영국은 중동에서의 터키 전선에서 아랍 민족들의 지원을 받기 위해 이른바 후세인-맥마흔 서한을 주고받는다. 영국의 이집트 주재 고등판무관 맥마흔(Henry Macmahon)은 아랍의 정치 지도자 후세인에게 1915년 1월부터 1916년 3월까지 10차례에 걸쳐서 전시 외교정책에 관한 서한을 전달했다. 오스만제국의 영토인 팔레스타인에 아랍인의 국가를 세우는 것을 지지하는 내용이 담겨 있었다.

그러나 1916년 5월 16일의 사이크스-피코 협정과 1917년 팔레스타인에 유대 민족의 국가를 세우는데 지지한다는 밸푸어(Arthur James Balfour) 선언은 맥마흔 선언과 모순된다.

먼저 사이크스-피코 협정은 러시아제국의 동의와 함께 영국과 프랑스 간에 맺어진 비밀 조약이다. 이 조약은 오스만제국의 아라비아반도 외 아랍 지역을 미래의 영국과 프랑스 지역으로 나눴다. 이 협정은 협상을 맡은 프랑스 외교관 피코(François Georges-Picot)와 영국 외교관 사이크스(Mark Sykes)의 이름을 따서 만들어졌다.

다음으로 밸푸어 선언은 1917년 11월 2일에 나왔고, 이후 1926년 제2차로 나왔다. 영국은 미국에 거주하는 유대인의 환심을 사서 미국의 참전을 이끌어내기 위해서 이스라엘의 독립을 선언한 것이다. 이 선언의 배경에는 19세기 유럽에서 제국주의와 민족주의 열풍에 따른 반유대인 운동이 유행했고, 이에 대항해 유대인은 시오니즘(Zionism)을 확산시키면서 팔레스타인 지역에 건국을 추진했다.

밸푸어 선언은 당시 영국의 외상 밸푸어가 유대인을 대표한 영국 국적의 로스차일드(Baron Rothschild)에게 팔레스타인 지역에 유대인 국가 건설을 지원하겠다는 내용의 편지를 보낸 것이다. 밸푸어는 유대인이 영국의 전쟁을 지원하면 "팔레스타인에 유대인의 모국을 세우는 데 호의를 베풀 것이며 그 목적을 달성하기 위해 최선을 다할 것"이라고 밝혔다. 제2차 선언은 유대 국가를 영국제국의 자치령으로 간주했다.

영국은 1917년 12월 예루살렘에서 오스만 세력을 물리친 후 유대계에 한 약속을 실행하기 시작했다. 밸푸어 선언의 주요 내용에는 영국이 유대 민족의 본거지를 설립하는 것을 호의적으로 고려하나, 팔레스타인에 있던 기존의 비유대계

공동체의 권리와 신앙권을 손상시키지 않겠다고 했다. 제1차 세계대전 이후 국제연맹은 1922년 예루살렘 성지에 대한 영국의 잠정적 권리를 인정하고 밸푸어 선언의 원칙 실행을 위임했다. 그리고 제2차 세계대전을 거쳐 국제연합으로 넘어간 이 문제는 이스라엘에 유리하게 진행됐다. 영국이 씨를 뿌린 팔레스타인 지역의 이스라엘 건국 지원은 현재까지 이어오는 팔레스타인 비극을 잉태시킨 셈이 됐다.

제6장

1918년 탐욕의 종말

윌슨의 14개 조 평화원칙

1918년 초기의 전황은 1917년 러시아 혁명의 여파 등으로 표면상 연합국이 불리한 형세로 시작됐다. 대전에서 이탈한 러시아는 발트해로부터 우크라이나에 이르기까지 동맹국에 영토와 자원을 빼앗기고 있었다. 따라서 독일은 러시아 전역에서 많은 병력을 서부전선으로 전환할 수 있었다. 연합군은 러시아의 전선 이탈은 물론, 서부전선에서의 니벨(Robert Nivelle) 공세 실패와 이탈리아의 카포레토 전선의 실패 등으로 어려움을 겪으며 사기가 떨어져 있었다.

그러나 속내를 들여다보면 연합국 못지않게 독일 등 동맹국도 내부적으로 어려움이 많았다. 미국의 참전으로 제해권이 확연히 연합국으로 전환되면서 해안 봉쇄가 지속하고 국내 생필품 보급 등이 악화했다. 독일 등 동맹국의 전쟁 지속 능력이나 국민의 사기는 사실상 바닥으로 떨어지고 있었다.

독일은 평화 협상을 희망했으나 윌슨 대통령의 14개 조의 평화 원칙은 독일군의 점령지 반환을 명시하고 있었다. 독일은 평화를 달성하기 위한 최고의 방법은 무력으로 유럽을 정복하는 것뿐이라고 생각했다. 그리고 1918년 모든 힘을 모아 그 탐욕을 달성하기 위한 마지막 도발에 희망을 걸었다.

유럽 국가가 자신의 문제를 해결하지 못하고 벌인 전쟁판에 유럽 구성원이 아니던 미국이 개입하면서 해결을 위한 물꼬가 트이기 시작했다. 미국의 참전으로 독일 잠수함작전의 맹위가 떨어졌다. 미국은 구축함을 이용한 호송함대를 운영해 독일 잠수함을 격파했다.

그리고 종전할 때까지 무려 200만 명의 대병력과 많은 물자를 대서양 너머로 수송하면서 독일의 패망을 재촉했다. 동시에 러시아 혁명으로 볼셰비키 정권은 단독으로 독일과 강화 및 휴전을 모색했다.

미국의 윌슨 대통령은 독일과 러시아의 단독강화를 견제했다. 다른 한편으로는 연합국의 결속을 다짐하기 위해서

1918년 1월 8일 전후 평화에 대한 구상을 담은 '14개 조 원칙'을 발표했다. 14개 조 원칙은 ① 강화 조약 공개 및 비밀 외교 폐지, ② 공해상 자유 인정, ③ 공정한 국제 통상 질서 확립, ④ 군비 축소, ⑤ 식민지 문제의 공정한 해결, ⑥ 러시아로부터의 군대 철수 및 러시아의 정치적 상황에 대한 불간섭, ⑦ 벨기에 주권 회복, ⑧ 알자스 로렌 등 프랑스 영토 회복, ⑨ 이탈리아 국경의 민족 문제는 스스로 결정, ⑩ 오스트리아–헝가리제국 내 여러 민족자결 원칙 준수, ⑪ 루마니아, 세르비아 등 발칸제국의 민족적 독립 보장, ⑫ 오스만제국 지배하의 여러 민족의 자치, ⑬ 폴란드 재건 노력, ⑭ 국제 연맹의 조직 등을 포함하고 있었다.

윌슨 대통령이 제1차 세계대전에 참전하면서 평화 원칙을 제시한 이유는 미국의 참전 목적이 국제사회의 공정한 평화 수립에 있음을 내외에 천명할 필요성을 전제하고자 했다. 14개 조 원칙에 대해 연합국의 국민은 대체로 환영의 뜻을 표했다. 그러나 유럽의 각국 수뇌부에서는 전쟁 중에 체결한 비밀조약이 이 원칙과 어떻게 조화될 수 있을 것인지에 대해 의구심을 표하기도 했다. 14개 조 평화 원칙은 이후 파리 평화회의와 베르사유 조약의 체결에 영향을 미쳤다. 특히 민족자결주의 원칙은 강대국의 식민주의에 억압을 받던 전 세계의 수많은 약소민족에게 커다란 희망을 불러일으켰다. 당시 일제 치하에서 신음하던 한국의 독립운동에도 매우 큰 영향을 미쳤다. 그러나 사실상 이 원칙은 대의명분과는 달리 독일과 오스트리아제국의 세력을 약화하려 한 연합국의 의도를 달성하는 수준에서만 활용됐을 뿐이다.

독일군 최후의 서부전선 대공세

독일은 동부전선으로부터 많은 병력을 서부전선으로 전용해 병력을 증강할 수 있게 됐다. 독일은 전 전선에서의 공세는 어렵다고 하더라도 서부전선에서 공세를 취하기에는 충분하다고 생각했다. 독일이 서부전선에서의 공격에 자신감을 보인 이유는 연합군보다 수적인 우세에 있었다. 또한 1917년 10월 이탈리아 전선의 리가와 카포레토 전투에서 혁혁한 전과를 달성한 '후티어 전술'이라는 신공격 전술에 대한 믿음이 있었다.

후티어 전술의 요체는 독일군 사단 및 군단 부대가 연합군 방어선에 침투해 간격을 형성한다. 그리고 후속 부대가

그 간격을 통해 전방에서 후방까지 기동으로 적의 방어조직을 와해하고 연합군의 심리적인 마비 현상까지 일으켜 방어선을 붕괴시킨다는 것이다. 이를 위해서 필요한 조건은 기습 달성, 공격하는 보병 부대 앞에 포병의 집중사격, 소규모 우회 및 침투 부대가 적의 측 후방으로 침투한다. 그리고 견고한 적 부대는 우회하고 뒤에 후속하는 지원 부대가 소탕하는 방식이었다.

독일군의 후티어 전술에 대해 연합군은 이른바 '종심방어전술'이라는 방식으로 대항해 1918년의 독일군 최종 공세를 버텨냈다. 즉 주력이 배치된 방어선 전방에 관측 부대를 보내 적의 습격을 격퇴하고, 장애물이나 요새 진지를 준비해 적의 공격을 지연하고 격퇴한다. 주력이 배치된 주 방어진지에서 적을 격퇴하며, 후방에 예비대를 준비해 방어진지가 돌파되면 역습으로 회복하는 방법이다. 그리고 후방에 배치된 포병은 전방에 추진된 관측 부대부터 화력으로 지원할 수 있어야 했다. 이처럼 창과 방패의 치열한 대결이 제1차 세계대전을 장식했다.

루덴도르프는 참전한 미군의 주력이 유럽에 본격적으로 상륙하기 전에 영불 연합군을 격파해 유럽을 제패하고자 1918년 3월 21일 서부전선에서 총공격을 개시했다. 그리고 공격 지역으로 영국군과 프랑스군을 분리할 수 있는 솜 지역을 선택했다. 영국 군사령관 헤이그 원수는 독일군의 대공세와 대략 공격 지역까지도 짐작했다. 그러나 예상보다 많은 병력과 신공격 전술로 총공세를 펼칠 것이라는 예측은 못했다.

제1차 총공세(미하엘작전)가 솜 지역에서 3월 21일부터 4월 3일까지 이뤄졌다. 독일군은 62킬로미터를 전진하면서 영국과 프랑스군을 분리하는 성과를 달성했으나 영국군을 전멸시키지는 못했다.

독일군의 제2차 공세(게오르게테작전)는 4월 9일 북서쪽의 영국군 정면인 플랑드르 지역이었고, 이어서 치열한 접전이 펼쳐졌으나 결정적 성과를 얻지는 못했다.

제3차 공세(블뤼허작전)는 5월에 파리 방향으로 가장 근접한 엔강 지역에서 이뤄지면서 독일군이 참호 전선을 형성한 이후 가장 큰 돌파구를 형성했다. 특히 포병 전문가인 브루크밀러가 조밀한 보병 운용 계획을 수립해 심혈을 기울인 성과였다. 그러나 이를 확대할 예비대의 제한으로 또다시 공격을 중지할 수밖에 없었다. 더구나 미군이 투입되면서 계속된 증원이 이뤄지지만, 독일군은 증원할 병력이 없었다.

6월의 제4차 공세(그나이제나우작전)는 제3차 공세로 확보한 돌파구를 확대하기 위해서 누아용과 몽디디에 사이의 마츠강 지역을 통해 파리를 위협하고자 했다. 그러나 6월 11일

공군기와 전차의 지원을 받은 프랑스군의 무자비한 반격작전으로 독일은 공격을 중지할 수밖에 없었다.

포슈(Ferdinand Foch) 장군이 연합군 총사령관으로 임명된 직후 독일군 제3차 공세로 인해 프랑스군은 붕괴 직전의 상황까지 내몰리면서 영국이나 미국의 지원이 절박했다. 반면에 루덴도르프의 상황도 더욱 악화되었다. 네 번의 공세로 초반에 성공을 거두었지만, 실패로 끝나면서 독일군의 사기는 계속 떨어졌고, 식량 부족 등으로 전력은 더욱 감소했다.

이후 미군은 증원한 이후 제1사단이 캉티니를 공격해 점령하면서 독일군과의 실전에서 승리하는 귀중한 경험을 얻었다. 그리고 오스트레일리아군도 아미앵 인근의 아멜에서 소규모 공격작전의 승리를 거두면서 연합국 미래에 희망을 주었다.

이 기간 루덴도르프는 철저한 방어 태세로 일관하고 있었다. 그러나 여전히 연합국이 독일에 유리한 강화조건으로 나설 것이란 희망을 버리지 않았다. 그리고 이를 위해서 다시 한 번 공세에 나서기로 했다.

제5차 공세(마르네슈츠-랭스작전)는 7월 15일 연합군의 전력이 강한 프랑스 북부 플랑드르 지역의 예비대를 전환하고자 랭스 지역의 양 측면을 공격하는 마른 반격작전을 감행했다. 기껏해야 마른강 건너편 4마일 지점까지 교두보를 구축하는 데 그쳤다. 그러나 프랑스 제4군의 구로(Gouraud) 대장은 종심방어 전술로 독일군을 막아내었다. 이틀 만에 독일군은 실패를 받아들여야 했다.

독일은 다섯 차례의 총공세를 통해 마른강, 아미앵, 그리고 생미엘 돌출부 등의 돌파구를 형성했으나 거기까지였다. 연합국은 철도를 이용해 병력과 군수물자를 신속히 수송해 일부 전술적 패배를 바로 회복하고 저지선을 확보하면서 장기전을 이어나갔다.

연합군의 반격

서부전선에서 연합군은 독일군의 다섯 차례에 걸친 공격을 성공적으로 저지하면서 마침내 주도권을 장악했다. 그리고 독일군의 공세가 끝난 이후인 7월 18일부터 그동안 준비해온 대규모 반격을 시도했다.

연합국은 독일군의 최종 공세를 통해 형성된 돌출부를 제거하는 1단계 작전에 이어 전면 총공격을 하는 2단계로 반격작전을 계획했다. 먼저 1단계 공격은 돌출부를 제거함으로써 횡적 철도망을 확보하는 것이었다. 7월 18일 엔강과 마른강 사이의 독일군 돌출부는 프랑스 10군이 주력으로 공격해, 7월 19일 돌출부를 확보했다.

루덴도르프가 전의를 잃어가는 상황에서 연합국은 반대로 독일군을 패배시킬 전략을 구체화하기 시작했다. 헤이그 장군은 파리 북쪽의 아미앵에서 동쪽으로 아멜을 향한 공격 작전을 구상했고 포슈 장군의 승인을 받아냈다.

8월 8일 아미앵 동쪽의 솜강과 아르르강 사이 돌출부의 독일군을 축출하는 작전이 개시됐다. 이날 이후 모든 전선에서 독일군이 패배와 퇴각의 길로 접어들면서 루덴도르프 자신도 "제1차 세계대전 전 기간을 통틀어 독일군에게 가장 암흑의 날"이라고 표현했다. 루덴도르프가 미처 예상하지 못한 완전한 기습이었다. 특히 영국군은 400대의 전차를 집중적으로 운용함으로써 독일군을 이른바 프랑스와 벨기에의 국경선 지역인 힌덴부르크선(Hindenburg Line: 독일은 지크프리트 선Siegfried Line으로 부름)까지 철수시켰다.

그리고 생미엘 돌출부 작전에서는 미군 참전 후 최초의 독립 작전이 이뤄졌다. 미국의 퍼싱 장군은 8월 28일 임무를 부여받은 후 9월 12일 작전을 시작했다. 미국과 연합국 공군을 통합한 혼합 공군으로서 약 600여 대의 항공기 지원과 포병 공격, 프랑스 군의 측방 견제 등 효과적인 작전으로 36시간 만에 돌출부를 완전히 확보했다. 미군이 대규모 작전을 수행할 수 있는 능력을 과시한 전투였다.

2단계 작전은 9월 26일 프랑스-벨기에 국경선을 향한 연합군의 총공격으로 시작됐다. 북쪽에서는 벨기에 알프레드 국왕이 지휘하면서 벨기에 방향으로, 영국군은 올누아(Aulnoye) 방향으로, 프랑스군의 지원을 받으며 미군은 메지에르(Mezieres) 방향으로 공격했다. 이 두 지역은 프랑스와 벨기에의 국경선 지역에 위치하면서 여러 철도의 중요 교차점이었다. 이 지역을 확보하면 독일은 사실상 수송 수단의 절반 이상을 상실하는 상황이었다.

독일군은 연합군의 공격에 대해 가용한 전 예비 병력을 투입해 최후의 방어전을 실시했다. 윌슨은 10월 8일 독일의 평화 협상 요청에 점령지 포기를 요구했다. 그리고 10월 14일 독일에 무제한 잠수작전의 즉각 중지를 요구하며 민주적 정부가 아니면 협상을 하지 않겠다고 주장했다.

독일의 바덴 총리는 그러한 조건을 받아들이겠다고 선언했다. 이후 10월 23일 윌슨 대통령은 사실상 조건없는 항복을 요구했다.

루덴도르프는 이를 받아들이려고 하지 않았다. 10월 24일 '모든 힘을 다해' 저항할 것임을 밝히는 전문을 작성했다. 독일 의회는 현실 상황과 국민의 여론을 파악하지 못하고 있는 루덴도르프를 맹비난했다. 결국 그는 10월 26일 참모차장직에서 물러나야 했다.

연합국은 계속 공격했다. 영국군은 10월 5일 힌덴부르크

선을, 10월 8일 미군과 프랑스군은 협동작전으로 뫼즈강 연안의 고지대를 확보했다. 이후 잠시 연합군은 전력을 재정비했다. 그리고 미군은 120만 명을 투입해 늦었으나 11월 7일 스당 선을, 영국군은 11월 5일 최종 목표인 올누아를 확보했다. 정전 조약을 맺었던 11월 11일에는 1914년 영국 원정군이 최초 전투를 치렀으나 패전했던 몽스를 점령함으로써 치욕을 갚게 됐다. 이런 와중에 독일은 11월 3일부터 4일까지 킬 군항에서 수병들이 출동 명령을 거부하고 반란을 일으켰다. 이 반란은 노동자·농민들의 봉기로 이어지면서 독일 전역을 휩쓸었다. 11월 9일 독일은 빌헬름 2세가 퇴위했다고 발표했다.

제1차 세계대전은 여러 전장에서 동시에 종전되지는 않았다. 애초부터 연합국이든 동맹국이든 전략적인 공조가 없이 시작됐기에 종전도 연계가 없이 이뤄졌다.

이 과정에서 포슈 총사령관은 11월 15일부터 메쯔 남쪽의 로렌 지역을 공격하려고 계획했다. 그러나 이전인 11월 11일의 정전 조약으로 계획은 시행되지 못했다.

11월 11일 파리 북쪽으로 한 시간 반 정도 떨어진 도시인 콩피에뉴 숲의 흐통드에 있던 포슈의 특별 열차 안에서 정전 조약이 체결되었다. 독일의 항복 이전에 동맹국은 이미 항복한 상태였다. 서부전선에서 7월부터 독일군의 전선이

한창 붕괴하기 시작한 이후 9월 29일 불가리아가, 10월 30일
오스만제국이, 그리고 11월 3일에 오스트리아-헝가리제국
이 연합국에 항복했다.

제7장

1919년 베르사유 조약

'거울의 방'의 복수

    제1차 세계대전이 끝난 후 1919년 1월 18일 파리 강화 회담이 열렸다. 표면상 윌슨이 주장한 14개 평화 원칙을 바탕으로 한다고 포장됐다. 그러나 이 원칙은 사실상 승리한 연합국의 이권 문제로 인해 제대로 적용될 수 없었다.

    프랑스는 40여 년 전인 1870년 프로이센과의 전쟁에서 패배한 아픈 기억을 하고 있었다. 당시 베르사유 궁전의 화려한 '거울의 방'에서 빌헬름 1세의 대관식이 열리는 굴욕을 지켜봐야만 했다. 따라서 프랑스는 제1차 세계대전의 종전 협약 장소로 베르사유 궁전을 선택해 치욕을 갚고자 했다.

베르사유 조약은 미국과 중국을 제외한 31개 연합국과 독일의 신정부가 체결했다. 1919년 6월 28일 1시 11분에 독일과 연합국 사이에 베르사유 궁전 거울의 방에서 서명됐고, 1920년 1월 10일 공표됐다.

중국도 참석했으나 산둥 문제 처리에 반대해 서명하지 않았다. 미국은 상원에서 베르사유 조약을 인정하지 않았고 조약에 반대하는 운동이 일어나 1921년 8월 독일과 별도로 베를린 강화조약을 맺었다.

조약은 총 440개 조항이었다. 첫 번째 부분은 국제연맹에 관한 것으로 윌슨 대통령이 구상한 국제법으로 조절되는 열린 외교를 계승하는 것이다. 국제연맹과 함께 국제사법재판소를 포함한 국제기구가 창설됐다. 그리고 대부분은 유럽의 평화 유지에 관련된 것이었다. 독일과 동맹국의 전적인 전쟁 책임을 명시했다. 이러한 조항은 연합국이 독일에 대해 엄청난 요구를 할 수 있게 됐다.

연합국의 지도자 가운데서는 프랑스의 클레망소(Georges Benjamin Clemenceau) 수상, 영국 조지 수장, 이탈리아의 오를란도(Vittorio Emanuele Orlando) 총리, 그리고 미국의 윌슨 대통령 등 4개국이 영향력을 행사했다. 특히 윌슨 대통령은 대전 후반기에 참전했으나 상당한 영향력을 행사했다. 윌슨은 14개 조 평화 원칙을 국제사회에 공표하고 국가 간의 협력을 존중하는 국제 질서의 중요성을 피력했다. 아울러 유럽에서의 세력균형을 유지하기 위해서 프랑스가 다시 주도권을 갖는 것을 견제하고자 했다. 이에는 영국도 같은 입장이었다. 반대로 프랑스는 독일을 강력하게 처벌해 프랑스의 재건을 도모하고자 했다.

연합국의 네 나라 중에서도 주요한 의사 결정권은 주로 영국·프랑스·미국의 의중에 좌지우지됐으며 패전동맹국은 어느 한 나라도 발언권이나 영향력을 행사할 수 없었다. 조약안이 완성되고 이를 건네받은 독일은 조항의 가혹함에 놀라면서 정전 조약의 약속과 다른 내용에 격렬하게 항의했다. 전범 조항과 배상금 규정은 독일인에게 참을 수 없는 굴욕감을 주었다.

우선 독일은 주민과 영토가 10퍼센트 줄였다. 서쪽의 알자스 로렌 지역이 프랑스에 귀속됐다. 자를란트는 1935년까지 국제연맹의 감독하에 두고, 북쪽의 오이펜과 말메디는 벨기에로 병합됐다. 덴마크인이 사는 독일 북부 슐레스비히는 덴마크가 차지했다. 독일 동부에서는 오랜 논란 끝에 폴란드가 되살아나고, 폴란드는 슐레지엔을 할양받았다. 단치히는 폴란드의 바다 접근과 독일과의 분리를 보장하기 위해 자유시(自由市)가 되었다.

독일은 모든 해외의 식민지를 포기해야만 했다. 중국과

적도 이북의 태평양에 있는 식민지는 일본의 관할로, 남태평양과 아프리카 동부 및 남서부는 영국으로, 콩고 이북의 서아프리카 지역은 프랑스로 넘어갔다.

협의안을 작성하면서 프랑스와 벨기에가 입은 전쟁 피해액을 산출해내는 것은 불가능해 보였다. 1921년 소집된 특별위원회에서 민간 부문의 손실액을 330억 달러로 잠정 집계했다. 대규모 자금 동원이 세계 경제에 혼란을 미칠 수 있다고 경제학자들은 말했다. 그런데도 연합국은 독일의 배상금 지급은 준수되어야 하고, 지급 시한의 경과에 대비해 조약에 합당한 조치를 해야 할 것이라고 주장했다. 4개국 지도자는 독일이 다시 군사적인 침략 정책을 사용하지 못하도록 확고한 조치가 필요하다는데 공감을 하고 여러 조항을 설정했다.

이에 따라서 군 병력은 육·해군을 합쳐 10만 이내로 하고 장교는 5,000명 이내, 해군은 1만 5,000명에 군함은 10만 톤 이하로 제한됐다. 공군 및 잠수함의 보유도 금지됐으며, 참모부와 의무 병역제도도 폐지됐다. 장갑차·탱크·잠수함·항공기·독가스의 생산을 금지하고 라인 동쪽 50킬로미터 지점에 산재해 있는 코블렌츠, 마인츠, 쾰른 등에 있는 여러 진지와 요새는 모두 무장해제 및 철거되었다.

이렇게 하면 다른 국가도 자발적으로 군비제한을 할 것으로 생각했다.

　베르사유 조약에서는 국제연맹의 창설과 운영을 위한 규약을 포함하고 있었다. 국제연맹 조약에 따라 회원국은 주권과 영토를 보장받았고 어느 회원국이라도 침략을 하면 경제적인 제재를 감수해야만 했다. 국제연맹은 위임통치령을 감독하고 단치히 자유시를 관할하며 군비축소 계획을 추진하도록 권한을 위임받았다. 독일은 그들에게 강요된 조치가 윌슨 평화조약 14개 원칙과 동떨어졌으며 독일인은 이 조약을 '명령'이라고 부르면서 국가 경제를 파탄시키며 맹목적인 희생을 요구한다고 비난했다.

　이 조약은 비준된 후 몇 년이 지나지 않아 조약의 상당 부분이 개정되거나 변경되기 시작했다. 그리고 히틀러가 권력을 장악하기 전에도 이미 수차례 양보가 이뤄지면서 예정보다 5년 앞서 보장 조항이 철회됐다. 1938년에 이르자 단지 영토 관련 조항만이 효력을 유지했다. 많은 역사가는 독일에 대한 무자비한 보복과 이에 반한 미온적인 조약의 실행이 결국은 1930년대 독일을 군국주의로 내몰았다고 분석했다. 1936년 히틀러는 라인란트의 재무장에 착수했고, 이에 대해 유럽의 어느 나라도 감히 이의를 제기할 수 없었다.

제8장

제1차 세계대전의 여진, 교훈과 유산

모든 전쟁을 끝내기 위한 전쟁

제1차 세계대전은 과정과 결말을 통해서 진정한 의미에서 세계적인 규모의 전쟁이었다. 전쟁을 일으킨 오스트리아-헝가리제국이나 독일도 처음부터 세계대전을 일으키려고 하지는 않았다. 이들은 제국주의에 편승해 유럽과 세계를 무대로 자국의 이익과 영향력을 넓히려고 했다. 그러나 이러한 분위기에 다른 나라도 기꺼이 동참하면서 전쟁의 불길은 유럽 전역을 망라하면서 중동·아시아와 아프리카 지역으로 들불처럼 퍼져나가며 세계대전으로 비화했다.

제1차 세계대전이 촉발된 장소는 민족 분쟁의 상처를 안고 있었던 발칸반도였다. 그러나 이미 유럽과 전 세계는 두 패거리의 전쟁터로 바뀌면서 그곳은 그저 도화선에 불과했을 뿐이다. 이러한 갈등이 뒤엉켜 벌어진 세계대전은 독일의 항복으로 모든 것이 해결되는 것처럼 보였다. 승전국은 전쟁에서 패배한 독일을 물어뜯으려 했고, 평화를 주창하던 윌슨의 구상은 현실주의적인 정치의 셈법에 따라서 구호에 그쳤다.

베르사유 조약 결과에 따라서 전쟁 비용은 독일·오스트리아 그리고 터키 등 동맹국 측이 많은 영토와 식민지를 잃어버리면서도 같이 떠안게 됐다. 오스트리아-헝가리제국의 일원이었던 헝가리는 영토의 3분의 2를 잃었고 그 자리에는 유고슬라비아·체코슬로바키아·폴란드와 같은 독립국이 새롭게 생겨났다. 오스만 터키제국의 영향력 아래에 있던 중동은 전승국들이 나눠 가졌다. 영국은 팔레스타인·요르단·메소포타미아를 차지했고, 레바논과 시리아는 프랑스에 넘어갔다. 독일이 갖고 있던 아프리카도 승전국의 차지였다. 미국과 일본도 수혜국이 됐다. 미국은 군수산업의 호황으로 경제성장을 하면서 월스트리트는 전 세계 금융의 중심지로 부상했다. 일본은 독일이 영향권을 갖고 있던 중국에 개입하면서 제국주의로의 본격적인 행보에 박차를 가하면서 새로운 갈등을 예고했다.

독일은 막대한 전쟁 배상금을 안고 연합국의 감시를 받으며 왕좌를 빼앗긴 사자의 처지와 같이 위태로운 지경으로 내몰리면서 제2제국의 위용은 산산조각이 났다.

윌슨의 전후 질서 구상으로 구축된 국제연맹은 미국의 불참으로 이미 실패를 예고했다. 윌슨 대통령이 미 의회와 벌이는 줄다리기 속에서 비준을 얻는 데 실패했기 때문이다.

국제연맹이 실제적인 역할을 할 수 없게 되면서 독일을 또 다른 전쟁으로 내모는 역설적인 결과를 가져왔다. 국제연맹이라는 기구가 제대로 작동했다면 패전국 독일이 당면했던 불만이 국제법이라는 절차로 해소될 수 있었을지도 모른다. 그러나 독일은 허울뿐인 국제연맹을 믿을 수 없었고 오로지 유일한 해결책으로 무력을 통한 또 다른 전쟁에서 승리를 달성하는 방법을 모색하게 됐다.

전쟁은 끝나지 않았으며 끝날 수 없었다. 품격이 없는 문명이 빚어낸 제1차 세계대전의 소용돌이는 또 다른 탐욕의 소용돌이를 잉태했다.

강대국의 명멸

　제1차 세계대전의 종결은 국제 질서에서도 커다란 변화를 초래했다. 국제정치적으로는 유럽 시대가 끝나면서 미국이 세계의 중심으로 등장하는 계기가 됐다. 소련은 공산주의 제국으로 탄생하면서 미국에 맞서는 강대국으로 부상했다. 이외에도 많은 강대국이 소멸하거나 해체되며 새로운 독립국이 탄생했다. 독일과 러시아라는 전제 국가가 무너지거나 해체되면서, 반면에 유럽 국가의 절반에 가까운 국가는 공화정을 수립했다. 먼저 동맹국은 몰락과 함께 새로운 국가로의 탄생과 독립 및 분열을 보였다. 반대로 미국을 비롯한 연합국은 승전을 통해서 국제적 영향력을 행사했다. 그렇다고 해

서 이후 국가 체제의 발전에 반드시 안정적 영향을 준 것은
아니었다.

동맹국은 영토나 식민지의 할양과 분할로 쇠퇴하면서 아울
러 정체성에서도 변화를 보였다. 먼저 독일제국은 바이마르
공화국으로 재탄생했다. 아프리카 식민지는 여러 나라의 통치
령을 받았다. 르완다와 부룬디는 벨기에 위임통치령으로, 탄
자니아는 영국 위임통치령으로, 카메룬과 토고는 영국과 프랑
스에 분할됐다. 중국의 산둥반도는 일본에 조차(租借)됐고, 독
일제국의 태평양 식민지는 미국과 일본으로 귀속됐다.

바이마르 공화국은 1919년에 성립해 1933년 나치스가 정
권을 획득할 때까지 지속했다. 독일은 1919년 바이마르에
서 열린 국민 의회에서 바이마르 헌법을 제정하고, 에베르트
(Friedrich Ebert)를 초대 대통령으로 선출해 18개의 연방으로
구성되는 공화제를 수립했다. 그러나 그 뒤 공산 단체 폭동
과 재정 곤란을 겪는 가운데 정치는 보수화 경향을 띠었고,
공황과 나치스의 대두로 바이마르 공화국은 무너졌다.

오스트리아-헝가리제국은 분할되면서 신생국 폴란드와
이탈리아에 일부 영토를 할양해 주었다. 크로아티아·체코슬
로바키아·보스니아·헤르체고비나·슬로베니아가 연합 왕국
으로 독립한 후 유고슬라비아 왕국으로 건설됐다. 헝가리는
오스트리아에서 떨어져 나가 독립 왕국이 되면서 루마니아

에 일부 영토를 할양해 주었다.

러시아제국은 1917년의 혁명으로 소련이라는 공산국가로 등장했다. 발트 3국 및 벨라루스·우크라이나·폴란드·핀란드가 독립했다.

그리고 오스만제국은 터키 공화국으로 재탄생했다. 그리스에 일부 영토가 할양됐고, 트란스요르단·키프로스·이라크 등은 영국 위임 통치령으로 전환됐다. 네지드 술탄국과 헤자즈 왕국에 메카·메디나 등이 할양되면서 중동에서의 영향력을 상실했다.

연합국은 승자로서 세계경제 주도권을 가졌으나 안정적인 관리자로서의 위치를 확고히 하지는 못했다. 미국은 명실상부한 최강대국으로 국제정치 질서의 주요한 행위자로 화려하게 등장했다. 미국은 초강대국의 지위에 올랐다. 그러나 미국은 자신이 주장한 국제연맹에 참가하기를 거부했다. 다시 고립주의를 표방하면서 제1차 세계대전 이후 얻은 초강대국으로서의 위치와 역할에 걸맞지 않은 방향을 선택했다. 경제적으로도 1920년대 세계경제의 호황을 이끌기도 했으나 결국 1929년의 대공황으로 이 황금기를 끝내며 전 세계를 경제공황에 휩쓸리게 했다. 대공황은 국제체제를 매우 불안정하게 이끌어서 제2차 세계대전이라는 또 하나의 파국을 초래했다.

전승국 영국은 제1차 세계대전 이후 세계 경제 중심이라는 위치를 미국에 넘기면서 지도권 행사를 양보할 수밖에 없었다. 전쟁 이후 영국은 독일의 식민지였던 요르단과 잔지바르와 오스만의 지배를 받던 이라크를 식민지로 편입했다. 그리고 사우디아라비아도 오스만제국에서 분리해 보호국으로 삼으며 영향력을 확대했다.

그러나 영국은 국내적으로 경제 상황이 악화하고 실업자가 증가하면서 노동운동이 활발해지고, 노동당이 집권하면서 내각이 조직되는 등 변화를 겪게 됐다. 그리고 아일랜드가 독립운동으로 분리되고, 영국의 식민지는 외교적 자주권을 요구하면서 사실상 독립국으로 인정해 줄 수밖에 없었다. 결국 해가 지지 않는 나라였던 대영제국은 사실상 영국 연방으로 개칭되면서 1931년 웨스트민스터 헌장에 자치령의 독립적 지위를 법적으로 인정받았다.

또 다른 전승국 프랑스는 전쟁의 승리에도 불구하고 치열한 주전장 지역 서부전선의 전쟁터였던 후유증에 시달렸다. 러시아 혁명으로 제정 러시아의 외채가 혁명정권에 의해 파기되면서 국내적으로 경제가 불안해졌다. 프랑스는 경제적 보상을 독일의 배상금으로 채우려 했다. 그러나 독일이 배상금을 제대로 지급하지 못하자 독일의 루르 공업 지역을 점령했으나 독일인의 파업 등으로 양국의 관계만 악화시키며 성과를 얻지 못했다.

이탈리아는 동맹국이었음에도 연합국에 가담해 전승국이 됐다. 이유는 당시 오스트리아가 가지고 있던 트렌티노·피우메·달마티아(현재 크로아티아 지역)·오스트리아 연안 지역을 확보하고 싶었기 때문이다.

그러나 전승국인데도 베르사유 체제로부터 달마티아 지방의 병합 등이 거부되면서 불만을 품게 된다. 전쟁의 여파로 사회 혼란이나 경제적 불안정이 심해지면서 사회주의 혁명이 움트게 됐다. 이탈리아의 자본가·지주·군인 등은 이탈리아가 사회주의화가 되는 것을 두려워했다. 1919년 반공주의를 부르짖으며 등장한 무솔리니의 파시스트당이 1922년 로마진군으로 집권하면서 결국은 파시즘 국가로 전환됐다.

일본은 제1차 세계대전에서 연합국에 가담하면서도 큰 피해 없이 여러 이득과 경제적 호황을 맞으며 톡톡히 실속을 챙겼다. 중국에 있던 산둥반도와 자오저우만, 그리고 태평양의 독일령 남양군도를 점령하면서 이 지역에서의 이권을 할양받았다.

중국은 1917년 연합국으로 참전했음에도 산둥 반도를 일본에 빼앗기자 불만을 품었고 베르사유 조약 회의장에서 철수한다. 일본의 중국 진출은 이후 중국에서 5·4운동과 공산주의 운동을 불러일으키면서 중국의 정체성 변화가 초래되었다. 그리고 이후 중국은 일본의 적극적인 제국주의 정책에 내몰리면서 만주사변이나 중일전쟁을 맞으며 제2차 세계대전의 소용돌이에 휘말린다.

제1차 세계대전에 따라 많은 국가가 독립국으로 탄생하면서 새로운 국제 질서를 형성했다. 이전의 세계가 유럽 중심의 질서였다면 이제 국제정치는 전 세계를 무대로 전개되기 시작했다.

유럽을 호령하던 영국이 지고 미국이 등장하면서, 소련이 공산제국을 일으키면서 초강대국으로 영향력을 행사했다. 윌슨의 민족자결주의는 새롭게 탄생한 국가가 국제사회의 일원이 되도록 민족주의를 자극했다.

민족주의는 아시아와 아프리카의 식민지에서 독립운동으로 나타났다. 동아시아에서는 3·1운동과 뒤이은 중국의 5·4운동으로 들불처럼 이어졌다.

인도에서도 간디나 네루를 중심으로 독립운동이 전개됐고, 베트남·인도네시아·필리핀·시암 등의 동남아시아에서도 독립운동이 전개됐다. 서아시아와 아프리카에서도 민족운동이 전개되면서 이러한 분위기 속에서 터키 공화국이 수립된다.

이라크가 독립되고, 사우디아라비아의 통일 왕국이, 그리고 이집트도 영국의 식민지배에서 벗어나 독립했다.

무기 체계의 혁명과
공세적 군사교리의 함정

제1차 세계대전은 진정한 의미의 국가 총력전이었다. 참전국은 전쟁 승리를 위해 국가의 모든 역량을 기울였다. 이는 하드웨어적인 무기 체계의 발전으로 나타났고, 더불어 전쟁 수행을 위한 전략 전술에도 영향을 미치며 엄청난 진화를 초래했다.

제1차 세계대전은 인류의 전쟁 역사에서 무기 체계의 기술 개발과 실용화가 가장 활발하게 이뤄진 시기라고 평가해야 할 것이다. 항공기가 등장하면서 전투 수단으로 활용됐다. 전술적으로는 기관총이 장착되면서 공중전이 벌어졌고, 전략적으로는 적 후방을 폭격해 적국의 전쟁 수행 의지와 능력을 파괴하는 중요한 수단으로 활용되기 시작했다. 바다에서는 잠수함이 해상 무역을 위협하고 적의 전쟁 지속 능력을 파괴하는 데 효과적으로 운용되면서 위용을 과시했다.

지상 전투에서는 기관총이나 수류탄, 지뢰, 그리고 화학무기 등이 본격적으로 등장했다. 먼저 기관총은 지상 전투의 양상과 전쟁에 대한 인식을 바꿔놓았다. 많은 수의 적을 단번에 살해할 수 있었다.

그리고 수류탄은 참호전 양상에서 소규모 형태의 폭탄으로 참호 안에 있는 적을 살상하는 데 매우 효과적이었다. 전쟁 초반에는 많이 사용되지 않았으나 이후 양측 모두 수백만 개의 수류탄을 전쟁터로 보급했다.

지뢰도 참호전에서 효과를 발휘하면서 대량으로 사용됐다. 땅굴을 만들어 적 진지까지 접근해 폭발시켜 적을 공격하는 데 효과적으로 사용됐다. 1914년 12월 지방시(Givenchy) 전투에서 독일군은 50킬로그램 정도의 소형 지뢰 10발을 영국군 진지에 터트리면서 공격을 감행해 승리했다.

또한 제1차 세계대전을 통해서 화학무기 사용에 대한 금기가 해제되면서 양측에서는 화학무기를 개발해 전쟁에서 활용됐다. 양측에 미친 피해는 엄청났다. 많은 사람들이 죽거나 다치고 평생 호흡기나 폐 질환을 앓거나 시각장애인으로 살아야만 했다. 1915년 이프르 전투에서 화학무기 위력을 보이면서 1918년까지 사용됐다. 결국 비인도적인 화학무기에 대해서 1925년 제네바 조약에서 화학무기 사용의 포괄적인 금지가 합의됐다. 더불어 작전 측면에서 무선통신 기술이 발달하면서 승패에 결정적 영향을 미쳤다.

무기 체계의 발전은 전쟁 전략이나 교리에도 혁명적 변화를 초래했다. 아이러니한 사실은 제1차 세계대전 이전에 유럽의 정치 및 군사 지도자는 장차 전쟁이 발발하면 수많은 인명 손상 없이 전쟁에서 승리할 수 없을 것이란 생각에 이의를 제기하지 않았다. 더구나 클라우제비츠라는 탁월한 군사 전략가가 당시에 남긴 가르침 중에 전쟁에서 정신적 요소의 중요성에 대한 가치를 인식하고 있었다. 전쟁에서 승리하기 위해서는 의지가 중요함을 강조했고 이를 거의 신앙적 수준으로 받아들였다. 이를테면 기관총이 버티고 있는 적의 방어선에 도달하기 위해서 개활지를 통과하는 돌격을 감행하면서 대학살이 벌어지는 현상을 연합군과 동맹군 양측이 똑같이 일상적으로 반복했다.

이러한 공세적인 태도는 전쟁에 임하는 군인에게는 아름다운 미덕으로 칭송받을 일이지만, 합리적인 관점에서 본다면 당시 유럽 사람들이 얼마나 무모한 생각에 빠져 있었는지를 짐작할 수 있다. 더구나 이러한 정신적 요소의 중요성은 1904~1905년에 일어난 러일전쟁에서 러시아의 승리를 예상한 일반적인 관측과 달리 일본이 승리하면서 재차 강조됐다.

제1차 세계대전이 발발했을 때 모든 나라와 군대에서는 사기나 공격 정신의 중요성에 대한 신앙이 있었다. 전쟁터에서 철조망이나 기관총과 같은 장애물에 부딪혔을 때 이를 극복하기 위해서 공격 정신은 숭배됐다. 제1차 세계대전의 발발로 모든 국가와 군대는 막대한 손실을 예상하면서 조국을 위해 기꺼이 희생하는 것을 명예로 받아들였다. 유럽의 모든 국가는 공세적 교리의 늪에 빠져 방어력이 우세한 전장 상황에서 엄청난 인명의 희생을 감수했다.

대부분 유럽 국가에 이러한 공격 정신은 세계대전이 끝나면서 트라우마(trauma)로 남았다. 그리고 이로 말미암아 이후 방어 우세 사상의 교리가 지배했다. 그러나 독일군의 뛰어난 전략가들에게 이러한 트라우마는 제2차 세계대전에서 전격전이라는 기동전 교리를 발전시키는 영감으로 작용했다. 더불어 공격 정신으로부터 얻은 트라우마는 이후 윌슨 대통령이 주도하는 국제분쟁의 평화적 해결을 모색하는 국제기구 창설에 대한 폭넓은 지지를 받는 배경이 되었다.

여성 인권의 확대

전쟁은 여성의 사회적 역할을 확대시켰다. 오랜 기간의 전쟁으로 많은 장정이 전쟁터에서 산화하면서 자연스레 인력의 부족을 초래했다. 이는 여성 노동력의 비중을 많이 증가시키게 되었다. 이러한 변화는 정치적으로 여성에게 참정권을 부여하면서 궁극적으로 남녀평등 시대를 앞당기는 계기도 됐다.

여권의 확대는 여성참정권 운동으로 전쟁 이전부터 시작되었다. 1848년 미국 뉴욕에서 세계 최초로 여성 권리 대회가 열린 후 영국에서도 1860년대부터 밀(John Stuart Mill) 등 지식인이 꾸준히 의회에 청원했다. 미국에서도 1879년부터 의회에 매년 청원이 제기됐다. 그러나 실제 처음 여성에게 선거권이 부여된 곳은 1893년 뉴질랜드에서였다. 이후 오스트레일리아는 1902년, 핀란드는 1906년 그리고 노르웨이는 1913년에 여성들의 전국 선거 투표권이 획득됐다. 영국 여성은 1903년 여성 사회 정치 연합을 구성해 참정권 획득을 위한 격렬한 시위를 벌였다. 와중에 제1차 세계대전이 발발해 여성이 전시 운동에 참여했고 그 보상으로 1918년 30세 이상 여성에게만 참정권이 부여됐다. 남성과 같이 21세부터 동등한 선거권을 갖게 된 것은 1928년에야 가능했다.

전쟁이 끝나고 영국의 여성은 자유를 누리게 됐다. 공공장소에서 담배를 피우고, 화장하고, 선술집에서 술을 마실 수 있었다. 그리고 짧은 치마와 브래지어를 할 수 있었고, 대부분 공장에서 여자 축구팀이 결성되기도 했다. 농촌에서 일하는 여자 일꾼은 휴일에 바지를 입기 시작했다. 그러나 영국 여성은 자유에 대한 대가도 치러야 했다. 남자처럼 일하면서 폭발 사고나 TNT 중독으로 죽는 일이 많았고, 여자 노동자는 남자 노동자 임금의 절반밖에 받지 못했다. 반면에 독일 여성은 영국 여성만큼 자유를 누리지는 못했다.[13]

제1차 세계대전과 그 영향으로 유럽 등 여러 국가에서 여성의 선거권 인정이 가속화됐다. 1914년부터 1939년까지 28개국에서 추가로 남성과 동등한 선거권 또는 여성의 전국 선거 투표권이 인정됐다. 소비에트 러시아가 1917년, 캐나다가 1918년, 독일·오스트리아 등에서 1919년, 미국과 헝가리는 1920년이 되어서 인정됐다.

국제분쟁 해결 제도의 등장

국제연맹 창설은 제1차 세계대전 이후 국제적인 분쟁을 전쟁에 의지하지 않고 평화롭게 해결하기 위한 노력의 산물로 이뤄졌다. 역사상 국제 협력을 촉진하고 국제적인 평화와 안전을 목적으로 한 사실상 최초의 기구였다. 이러한 평화를 달성하기 위해서 군비축소가 강조됐다. 국제 평화에 위협이 되는 상황에 대해서 가맹국에 심의를 요구하며, 연맹의 규약을 어긴 국가에 대해서는 경제적 제재를 했다. 또한 군사적 제재의 가능성도 제기하고 있었다.

국제연맹은 1919년 미국의 윌슨 대통령의 평화 원칙에 의해 제창되어 베르사유 조약 제1장에 따라 국제연맹 규약이 결정됨으로써 설립됐다. 국제연맹은 상임이사국으로 영국·프랑스·일본·이탈리아 등 4개국이었다. 이후 설립된 국제연합과 달리 최고 결정 기관은 상임이사국의 이사회가 아니라 총회였고 의사결정도 다수결이 아닌 만장일치를 원칙으로 했다.

그러나 미국 등 강대국이 참석하지 못하면서 출발부터 그 기초가 부실했다. 1920년 미 대통령 선거에서 공화당 하딩(Warren Gamaliel Harding) 상원 의원이 당선되면서 민주당 윌슨 대통령의 국제주의와 이상주의는 거부됐다. 미국은 전통적인 고립주의(먼로주의)로 회귀했다. 또한 혁명 직후의 소련과 패전국 독일은 최초 참여가 인정되지 않았다.

1919년 베르사유 조약에 따라 42개국 회원국에서 출발했다. 1934년 소련의 가입으로 60개국까지 늘었으나 해체 당시에는 45개국으로 감소했다.

1925년 코스타리카는 지역 분쟁 해결의 실패로, 1926년 브라질은 상임이사국 진출 실패를 이유로 탈퇴했다. 1933년 국제연맹이 만주 침략을 문제로 삼자 일본이 탈퇴하면서 고립을 자초했다. 바이마르 공화국이 무너진 후 등장한 나치 독일이 1933년에, 이탈리아가 1937년에 탈퇴했다. 그리고 1930년 후반에는 중남미 국가가 많이 탈퇴했다.

유럽에서는 전쟁을 방지하고 평화를 유지하고 해결하기

위한 시도가 지속해서 제기됐다. 중세로 거슬러 올라가서 1461년 보헤미아의 왕 포디에 브리아트(1420~1471)가 제시한 마리니의 계획, 1603년 프랑스의 앙리 4세(1553~1610)가 주창한 슈리 계획 등이 산발적으로 제기됐다. 18세기에는 성직자 생피엘(1658~1743)이 1713년 영구 평화안을 제기했고, 독일의 칸트는 '영구 평화를 위해'라는 평화 유지를 위한 국제기구를 제기하기도 했다. 그러나 당시에 이러한 기구의 성립이 가능한 국제적인 수준의 정치적·경제적인 제반 조건을 갖추지는 못했다. 21세기로 전환되는 시점에서는 자본주의 발달에 따른 교통과 통신 발달로 1865년 만국전신연합(ITU)과 일반우편연합(GPU)과 같은 행정적 차원의 국제기구가 탄생했다. 그리고 평화 협력을 목적으로 하는 1899년 헤이그 평화회의에서 설립된 상설중재재판소가 국제기구로서 등장했다.

그러나 제2차 세계대전이 발발하자 국제연맹 이사회는 기능을 수행할 수 없었고 활동을 중지할 수밖에 없었다. 결국 국제연합이 출범하고 나서 1946년 4월 18일 제21차 총회에서 국제연맹은 해체되면서 동시에 국제연합으로 이양을 결정했다. 그리고 국제사법재판소와 국제노동기구는 국제연합으로 인수됐다.

주

1) 이 개념은 현대에 들어서도 미국·러시아·중국 등 강대국의 행태를 비난하는 데 사용되기도 한다.

2) 테디 디어리, 김은숙 옮김, 『쿵쿵쾅쾅 제1차 세계대전』, 주니어 김영사, 2009, 9~10쪽.

3) 신성 로마제국(제1제국, 962~1806), 독일제국(제2제국, 1871~1918), 나치 독일(제3제국, 1933~1945).

4) 글렌 스나이더의 연루(entrapment)와 방기(abandonment)의 딜레마 이론에서 등장했다. 방기의 딜레마란 동맹국의 도움이 필요한 상황에서 버림받는 것을 의미한다.

5) 버나드 로 몽고메리, 송영조 옮김, 『전쟁의 역사 II』, 책세상, 1995, 709쪽.

6) 테디 디어리, 앞의 책, 17쪽.

7) 같은 책, 19~22쪽.

8) 버나드 로 몽고메리, 앞의 책, 718~719쪽.

9) Alan John Percivale Taylor, *The First World War and its aftermath*, 1914~1919, Century of Conflict, 1848~1948, Folio Society, 1998, pp. 80~93.

10) 최초 전차는 승무원 8명이 탑승하면서, 최대 속도 시속 6킬로미터, 무게 29톤, 무장 57밀리 포 2문, 기관총 3정 등의 제원을 가지고 있었다.

11) 독일의 페르디난트 폰 체펠린이란 사람이 1900년 길이 420피트(128미터)의 비행선을 개발하면서 자신의 이름을 붙였다.

12) 1906년 영국 해군이 증기 터빈과 거대한 함포를 장착한 최대의 전함으로써 건조했다. 제1차 세계대전에서 독일의 유보트를 침몰시킨 유일한 전함이기도 하다. 제원으로서 12인치 함포, 배수량 18,410톤(만재 21,060톤), 전장 160.6미터, 선폭 25미터, 흘수 9미터(만재 시)이다.

13) 테디 디어리, 앞의 책, 127~129쪽.

참고문헌

테디 디어리 지음, 김은숙 옮김, 『쿵쿵쾅쾅 제1차 세계대전』, 주니어 김영사, 2009.

버나드 로 몽고메리 지음, 송영조 옮김, 『전쟁의 역사Ⅱ』, 책세상, 1995.

Alan John Percivale Taylor, *The First World War and its aftermath*, 1914~1919, Century of Conflict, 1848~1948, Folio Society, 1998.

프랑스엔 〈크세주〉, 일본엔 〈이와나미 문고〉,
한국에는 〈살림지식총서〉가 있습니다.

제1차 세계대전 품격 없는 문명과 탐욕의 소용돌이

펴낸날	**초판 1쇄 2019년 1월 3일**

지은이	**윤형호**
펴낸이	**심만수**
펴낸곳	**(주)살림출판사**
출판등록	**1989년 11월 1일 제9-210호**

주소	**경기도 파주시 광인사길 30**
전화	**031-955-1350** 팩스 **031-624-1356**
홈페이지	**http://www.sallimbooks.com**
이메일	**book@sallimbooks.com**

ISBN	**978-89-522-4001-9 04080**
	978-89-522-0096-9 04080 (세트)

이 도서의 국립중앙도서관 출판시도서목록(CIP)은 서지정보유통지원시스템 홈페이지
(http://seoji.nl.go.kr)와 국가자료공동목록시스템(http://www.nl.go.kr/kolisnet)에서
이용하실 수 있습니다.(CIP제어번호: CIP2018037145)

책임편집·교정교열 **최문용**

085 책과 세계

강유원(철학자)

책이라는 텍스트는 본래 세계라는 맥락에서 생겨났다. 인류가 남긴 고전의 중요성은 바로 우리가 가 볼 수 없는 세계를 글자라는 매개를 통해서 우리에게 생생하게 전해 주는 것이다. 이 책은 역사라는 시간과 지상이라고 하는 공간 속에 나타났던 텍스트를 통해 고전에 담겨진 사회와 사상을 드러내려 한다.

056 중국의 고구려사 왜곡　　eBook

최광식(고려대 한국사학과 교수)

중국의 고구려사 왜곡의 숨은 의도와 논리, 그리고 우리의 대응 방안을 다뤘다. 저자는 동북공정이 국가 차원에서 진행되는 정치적 프로젝트임을 치밀하게 증언한다. 경제적 목적과 영토 확장의 이해관계 등이 복잡하게 얽혀 있는 동북공정의 진정한 배경에 대한 설명, 고구려의 역사적 정체성에 대한 문제, 고구려사 왜곡에 대한 우리의 대처방법 등이 소개된다.

291 프랑스 혁명　　eBook

서정복(충남대 사학과 교수)

프랑스 혁명은 시민혁명의 모델이자 근대 시민국가 탄생의 상징이지만, 그 실상을 아는 사람은 많지 않다. 프랑스 혁명이 바스티유 습격 이전에 이미 시작되었으며, 자유와 평등 그리고 공화정의 꽃을 피기 위해 너무 많은 피를 흘렸고, 혁명의 과정에서 해방과 공포가 엇갈리고 있었다는 등의 이야기를 통해 프랑스 혁명의 실상을 소개한다.

139 신용하 교수의 독도 이야기　　eBook

신용하(백범학술원 원장)

사학계의 원로이자 독도 관련 연구의 대가인 신용하 교수가 일본의 독도 영토 편입문제를 걱정하며 일반 독자가 읽기 쉽게 쓴 책. 저자는 역사적으로나 국제법상으로 실효적 점유상으로나, 어느 측면에서 보아도 독도는 명백하게 우리 땅이라고 주장하며 여러 가지 역사적인 자료를 제시한다.

144 페르시아 문화

신규섭(한국외대 연구교수)

인류 최초 문명의 뿌리에서 뻗어 나와 아람을 넘어 중국, 인도와 파키스탄, 심지어 그리스에까지 흔적을 남긴 페르시아 문화에 대한 개론서. 이 책은 오랫동안 베일에 가려 있던 페르시아 문명을 소개하여 이슬람에 대한 편견과 오해를 바로 잡는다. 이태백이 이란계였다는 사실, 돈황과 서역, 이란의 현대 문화 등이 서술된다.

086 유럽왕실의 탄생

김현수(단국대 역사학과 교수)

인류에게 '예술과 문명' 그리고 '근대와 국가'라는 개념을 선사한 유럽왕실. 유럽왕실의 탄생배경과 그 정체성은 무엇인가? 이 책은 게르만의 한 종족인 프랑크족과 메로빙거 왕조, 프랑스의 카페 왕조, 독일의 작센 왕조, 잉글랜드의 웨섹스 왕조 등 수많은 왕조의 출현과 쇠퇴를 통해 유럽 역사의 변천을 소개한다.

016 이슬람 문화

이희수(한양대 문화인류학과 교수)

이슬람교와 무슬림의 삶, 테러와 팔레스타인 문제 등 이슬람 문화 전반을 다룬 책. 저자는 그들의 멋과 가치관을 흥미롭게 설명하면서 한편으로 오해와 편견에 사로잡혀 있던 시각의 일대 전환을 요구한다. 이슬람교와 기독교의 관계, 무슬림의 삶과 낭만, 이슬람 원리주의와 지하드의 실상, 팔레스타인 분할 과정 등의 내용이 소개된다.

100 여행 이야기

이진홍(한국외대 강사)

이 책은 여행의 본질 위를 '길거리의 철학자'처럼 편안하게 소요한다. 먼저 여행의 역사를 더듬어 봄으로써 여행이 어떻게 인류 역사의 형성과 같이해 왔는지를 생각하고, 다음으로 여행의 사회학적·심리학적 의미를 추적함으로써 여행에 어떤 의미를 부여할 것인가에 대해 말한다. 또한 우리의 내면과 여행의 관계 정의를 시도한다.

293 문화대혁명 중국 현대사의 트라우마 eBook

백승욱(중앙대 사회학과 교수)

중국의 문화대혁명은 한두 줄의 정부 공식 입장을 통해 정리될 수 없는 중대한 사건이다. 20세기 중국의 모든 모순은 사실 문화대혁명 시기에 집약되어 있다고 해도 과언이 아니다. 사회주의 시기의 국가 · 당 · 대중의 모순이라는 문제의 복판에서 문화대혁명을 다시 읽을 필요가 있는 지금, 이 책은 문화대혁명에 대한 안내자가 될 것이다.

174 정치의 원형을 찾아서 eBook

최자영(부산외국어대학교 HK교수)

인류가 걸어온 모든 정치체제들을 매우 짧은 기간 동안 시험하고 정비한 나라, 그리스. 이 책은 과두정, 민주정, 참주정 등 고대 그리스의 정치사를 추적하고, 정치가들의 파란만장한 일화 등을 소개하고 있다. 특히 이 책의 저자는 아테네인들이 추구했던 정치방법이 오늘 우리 사회가 당면한 문제를 해결할 수 있는 지혜의 발견에 도움을 줄 수 있을 것이라고 말한다.

420 위대한 도서관 건축순례 eBook

최정태(부산대학교 명예교수)

이 책은 도서관의 건축을 중심으로 다룬 일종의 기행문이다. 고대 도서관에서부터 21세기에 완공된 최첨단 도서관까지, 필자는 가능한 많은 도서관을 직접 찾아보려고 애썼다. 미처 방문하지 못한 도서관에 대해서는 문헌과 그림 등 가능한 많은 정보를 수집하려 노력했다. 필자의 단상들을 함께 읽는 동안 우리 사회에서 도서관이 차지하는 의미에 대해 다시 생각하게 된다.

421 아름다운 도서관 오디세이 eBook

최정태(부산대학교 명예교수)

이 책은 문헌정보학과에서 자료 조직을 공부하고 평생을 도서관에 몸담았던 한 도서관 애찬가의 고백이다. 필자는 퇴임 후 지금까지 도서관을 돌아다니면서 직접 보고 배운 것이 40여 년 동안 강단과 현장에서 보고 얻은 이야기보다 훨씬 많았다고 말한다. '세계 도서관 여행 가이드'라 불러도 손색없을 만큼 풍부하고 다채로운 내용이 이 한 권에 담겼다.

eBook 표시가 되어있는 도서는 전자책으로 구매가 가능합니다.

㈜살림출판사
www.sallimbooks.com
주소 경기도 파주시 문발동 522-1 | 전화 031-955-1350 | 팩스 031-955-1355